Halina Kamm • Nicht ohne meine Seele

Halina Kamm

Nicht ohne meine Seele

CORONA
HAMBURG

Die Deutsche Bibliothek – CIP-Einheitsaufnahme

Kamm, Halina:
Nicht ohne meine Seele / Halina Kamm. -
Hamburg : Corona, 2000
ISBN 3-934438-08-3

0002 deutsche bibliothek 0101 deutsche buecherei

2001
ISBN 3-934438-08-3

Satz und Layout: CORONA, Hamburg
Umschlagbild: Angelina Simonik
a produkt of: Larimar Multi Media
Druck und Bindung: Druckerei FINIDR, Cseky Tesin

*Wie Planeten, Sterne, Sonnen
und Monde,
so ziehst auch du deine Bahnen
durch alle Inkarnationen und
Dimensionen.*

*Auch du hinterläßt einen
Schweif,
einen Fluß aus Energie,
in dem du dich jederzeit
wieder einfügen kannst.*

Dank

Mein herzlicher Dank gilt zunächst allen Menschen, die mir Verständnis und Vertrauen entgegenbrachten. Durch ihren Glauben an mich und meine schriftstellerischen Fähigkeiten wurden die Romanfiguren Lena-Marie und Sebastian geboren. Jedoch ist Lena-Marie mehr als eine geschaffene Figur, sie ist ein Teil der Seele in uns allen. Und aus diesem Aspekt heraus übernahm sie die Regie des Manuskriptes. Sie kreierte sich ein neues Ich und geht heute ihren eigenen Weg.

Ich bin dankbar, auch allen geistigen Hilfen, inbesondere »Leihja«, daß es mir gelungen ist, mein wahres Ich, meine Seele, zu erkennen und zu leben. Ich wünsche Ihnen, daß auch Sie sich in Ihrer ganzen Seele erkennen, Ihr Leben, Ihre Aufgaben annehmen und in Freude und Liebe leben.

Mein Verstand hat gelernt und begriffen, daß ich mehr bin als mein Körper, als mein Geist, meine Seele, – ich bin unendlich – ich bin!

Das Leben kann Paradies oder Hölle sein, je nachdem wie ich denke.

Uns allen wünsche ich den paradiesischen Zustand, und ich danke Ihnen, wenn sich unsere Gedanken in fröhlicher guter Schwingung treffen.

Vorwort

Manchmal spüren wir Menschenkinder etwas, was allgemeinhin als Seele bezeichnet wird. Wir glauben, es könnte in uns sein. Doch scheinen wir dieses Etwas nicht richtig definieren oder zuordnen zu können. Daher belassen wir es lieber bei den Sprüchen und Aussagen, die wir von unseren Altvorderen übernommen haben: »Ich bin zutiefst in meiner Seele betrübt« oder »Es tut mir in der Seele leid« oder »Das ist eine gute alte Seele«.

Aber was ist das, was der Mensch als Seele bezeichnet? Wir können es nicht sehen, nicht hören, nicht riechen, nicht schmecken, nicht greifen. Auch sind wir nicht in der Lage, es zu beschreiben. Am besten nicht darüber nachdenken, darüber hinweggehen, so tun, als ob es keine Seele gäbe. Doch damit ist es nicht getan. Sie läßt sich einfach nicht verleugnen, und immer wieder begegnen wir diesem Begriff. Überall taucht er auf; in Werbung, in Filmen, in Büchern und Zeitschriften. Alle Welt schreibt und redet – eigenartigerweise – über etwas, das empirisch nicht nachgewiesen werden kann. Alles reine Theorie, Spekulation und Illusion, oder etwa nicht?

Ach, es ist ein Jammer, was ist dieses »Etwas«, diese Seele?

Empfindet die Seele Schmerz, Freude, Kummer, Sorge, Angst, Trauer und Leid? Keiner kann dies beantworten. Doch manchmal, wenn die Seele weint, spüren Menschen tief in ihrem Innern einen leisen ziehenden nicht zu katalogisierenden Schmerz. Ist es Sehnsucht nach Ruhe und Frieden, nach Harmonie, Geborgenheit und Verbundenheit. Aber Verbundenheit mit was oder mit wem?

Hören Sie genau hin, auf die leisen Töne, die tief in Ihnen klingen. Hören Sie, und Sie werden verstehen, was Ihnen Ihre Seele zu sagen hat. Denn nur sie kennt den Weg nach Hause, und dort sind alle Antworten.

Der Verstand kann und wird Ihnen mit allerlei logischen und unlogischen Antworten dazu verhelfen wollen. Doch nicht immer ist die Ratio weise.

Inhalt

IV. Kapitel

I. Kapitel

Das Haus

Nein, das kann doch nicht sein. Sicher täuschte Andrea sich und unterlag einer Halluzination. Ganz so wie in den letzten Tagen. Und wieder waren leise tapsende Schritte aus dem oberen Stockwerk zu hören. Aufmerksam lauschte sie, und dieses Mal beschloß sie, der Sache nachzugehen.

Zögernd erhob sie sich aus ihrem zerschlissenen, blaukarierten Sofa und stieg die Holztreppe nach oben. Erneut hörte sie die Geräusche. Vorsichtig stieß sie alle Türen auf, blickte jedoch nur in leere, ausgeräumte Zimmer. Die Möbel ihrer Mutter waren bereits abgeholt worden, und sie selbst war im Begriff umzuziehen. Nichts sollte sie an diese glückliche und zugleich traurige Zeit in ihrem Elternhaus erinnern. Sie wollte nur noch weg. Sie verstand weder die Welt, noch sich selbst und fragte sich immer wieder: Warum ich?

Alle Räume waren leer und staubig. Die Sonne blitzte durch die Ritzen der nicht mehr ganz dichten hölzernen Fensterläden und ließ die Staubpartikelchen in der Luft flirren. Wie trostlos das alles wirkte; bizarr und ohne Leben.

Leere in den Zimmern, keine Geräusche, keine Anhaltspunkte, nichts Außergewöhnliches. Doch halt, da waren die Schritte wieder. Sie hörte sie ganz deutlich. Und diesmal klang es, als ob jemand auf dem Dachboden hin und her liefe.

Andrea zog die Holzleiter, die zum Dachboden führt, herunter und stieg hinauf. Noch verlassener, noch trauriger als sie es jemals in Erinnerung hatte, war es hier. Und wieder war nichts zu sehen. Schon glaubte sie ihren Sinnen nicht ganz trauen zu können, als ein heller Lichtstrahl durch eine Dachluke auf die Bohlen fiel.

Andrea sah erstaunt auf schmale Fußabdrükke, die deutlich in dem jahrelang angesammelten Staub zu sehen waren. Neugierig, aber auch etwas ängstlich folgte sie mit ihren Augen dem Verlauf dieser Spur. Sie führte geradewegs zu einer alten Eichentruhe, dem einzigen Stück, das sich überhaupt noch auf diesem Speicher befand. Und genau davor endeten die Fußabdrücke.

Sehr eigenartig, ja, fast unheimlich, diese frischen Fußabdrücke, dachte Andrea, und versuchte ein beklemmendes Gefühl abzuschütteln.

Doch es war zu spät.

Erinnerungen und Bilder aus längst vergangenen Zeiten überfielen sie. Das Gesicht ihres Vaters. Männer, die eine große Truhe ins Haus schleppten und sie vor den offenen Kamin stellten. Ihre Mutter mit umgebundener Schürze. Sie trocknete ihre Hände daran ab. Andrea sah sich selbst im Alter von drei Jahren. Sie saß auf dem Schoß ihres Vaters und hörte mit leuchtenden Augen seinen Geschichten zu. Er erzählte von fremden Ländern, von Reisen übers Meer, von fremden Völkern und andersartigen Menschen. Mutter briet Äpfel am offenen Kamin, das Feuer knisterte und warf dunkle Schatten an die Wände. Es hüllte die Familie in eine Atmosphäre von Wärme und Behaglichkeit. Mutters fröhliches Lachen wirkte anstekkend auf sie beide. Sie liebte diese frühen Abendstunden mit Vater und Mutter, fühlte sich wohl und geborgen, auch wenn sie nicht alles verstand, worüber ihre Eltern redeten. Manchmal fragte sie nach, doch auch die Antwort verstand sie nicht, und selbst im Bett noch überlegte sie, was ihre Eltern wohl mit dem Wort »Seele« meinten.

Doch eines Tages war die Truhe fort, und ihre Mutter trug von Stund an schwarze Kleider. Es hieß, Vater sei auf einer langen Reise; zum lieben Gott gegangen. Andrea verstand nicht, daß ihr Vater nie wieder zurückkommen würde, sie ihn nie wieder lachen hören würde oder seinen Geschichten lauschen könne. Sie bemerkte jedoch die bedrückte Stimmung ihrer Mutter, und sie vermißte deren Fröhlichkeit.

Später, als sie dann zur Schule ging, begriff sie, daß ihr Vater tot war und er niemals zu ihr zurückkehren würde.

Mit klopfendem Herzen und innerlich aufgewühlt betrat Andrea den Dachboden. Mit weichen Knien schleppte sie sich zur Truhe und stemmte entschlossen den Deckel zurück.

Mit jedem Stück – ein wunderschön verzierter Säbel, eine Spieluhr, ja, diese stand lange auf dem Kamin – kehrten noch mehr Erinnerungen an längst vergangene Zeiten zurück. Nacheinander beförderte sie alle diese Schätze ans Tageslicht, bis sie auf ein Buch stieß.

Vorsichtig, als ob es zerbrechlich sein könnte, strich sie sanft und behutsam über den Umschlag aus dunkelrotem Leinen. Es wog schwer und leicht zugleich. Mit zittrigen Fingern löste sie den Schnappverschluß und setzte sich auf die staubigen Bohlenbretter. Andrea schlug es auf und erkannte die steile, kantige Handschrift ihres Vaters.

Sie las die Widmung:

»In Liebe und immerwährender Verbundenheit für meine Tochter Andrea, meine Seelenpartnerin«.

Tränen stiegen Andrea in die Augen und ein nie gekanntes Gefühl der innigen Zusammengehörigkeit durchströmte ihren Körper. Sie schluckte, denn sie befürchtete mit ihren Tränen dieses kostbare Buch zu benetzen. Sie blätterte um, und es stand geschrieben:

»Meine liebe Tochter,
wie gerne würde ich Dir all das persönlich sagen, doch wenn Du es liest, bin ich bereits in einer anderen Dimension. Was jedoch nicht bedeutet, daß ich Dich aus den Augen verloren habe, wie Menschen es so gerne ausdrücken. Ich werde immer bei Dir sein, Dich behüten, beschützen und bewachen.

Gerne hätte ich Dir all mein Wissen vermittelt, doch es war uns in dieser irdischen Inkarnation nur eine kurze Spanne Zeit vergönnt. Du, meine liebe Andrea, warst noch zu klein, um zu verstehen, was ich Dir zu sagen gehabt habe. Und Deine Mutter war leider auch später nicht in der Lage, Dir all deine Sinn- und Seinsfragen beantworten zu können.

Ich bitte Dich, sie deshalb weder zu verurteilen noch zu bewerten. Sie muß noch spirituell wachsen. Dies ist in den nächsten Inkarnationen für sie vorgesehen. Bitte verzeih ihr, segne sie, und laß sie sich in Frieden entwickeln.

So hattest Du zu meinem Bedauern keine irdische Person, die Dich auf Deine spätere Aufgabe vorbereiten konnte.

Meine geliebte Andrea, erinnere Dich an das, was Du für Träume hältst. Erinnere Dich an das Licht, die unendliche Weite, die farbenprächtigen Landschaften und die lieblichen Gestalten. Halte einen Moment inne, denke an Deine Kindheit zurück. Denke an die Fragen, und erinnere Dich an die Antworten der imaginären Wesen, die für Dich Freunde waren.«

Betroffen ließ Andrea das Buch in ihren Schoß hinabsinken, und ihre Erinnerungen wurden lebendig.

Sie sah sich mit Wesen, die sie für Engel hielt, spielen, sah, daß viele Kinder, auch sie, immer wieder von Älteren gerufen wurden, um sich in einem Halbkreis zu versammeln. Es fühlte sich an wie in einer Art Schule im Freien, in der aufmerksam und beinahe andächtig jedem Vortrag gelauscht wurde. Jedoch das

Wissen selbst behielt sie nicht. Im Wachzustand blieben nur noch Bruchstücke haften, und je länger der Tag wurde, desto mehr schwand die Erinnerung daran. Wenn sie dann zu ihrer Mutter lief und sie nach den Wörtern fragte, die sich ihr eingeprägt hatten, wie zum Beispiel: »Mama, warum müssen Menschen sterben« oder »Was ist unendlicher Geist, wer ist Gott«, so waren die Antworten unbefriedigend und meist ungenügend. Sie gipfelten oft darin: »Kind, wie kommst du nur auf solche Fragen? Geh in die Schule und lerne, damit du was Vernünftiges wirst.«

Andrea gewöhnte sich ab, solche Fragen zu stellen, und im Laufe der Zeit wurde sie erwachsen, und das gelehrte himmlische Wissen sank tief unter die Bewußtseinsoberfläche. Mit der Zeit träumte sie immer weniger solche Träume. Zumindest konnte sie sich bei Morgengrauen nicht mehr daran erinnern.

Ihr Leben verlief normal mit kleinen, manchmal größeren Widrigkeiten. Ab und zu Alpträume, bar jeglicher Realität, und diesen einen, ganz besonderen hatte sie inzwischen schon zum drittenmal.

Das Seltsame daran war, daß danach jedesmal geplante Lebensveränderungen nicht in der Form stattfanden, wie sie es berechnete.

Andrea rekonstruierte: Mit achtzehn Jahren entschied sie sich für ein Studium der Rechtswissenschaften in einer anderen Stadt. Sie konnte es nicht antreten, da Mutter zum Pflegefall wurde.

Mit zwanzig wollte sie heiraten und Kinder bekommen. Ihr Bräutigam verliebte sich auf dem Junggesellenabschied in eine andere Frau. Die Ehe fand nicht statt.

Da sie mittlerweile als Kindergartenbetreuerin arbeitete, wollte sie nun Erzieherin werden, und wieder tauchte dieser Traum auf:

> Vor langer, langer Zeit, als die Götter noch mit den Menschen Feste feierten, war auch ich zu einem dieser Feste geladen. Es fand teilweise im Freien und in einem großen Saal statt. Dieser bot Platz für mehrere hundert Personen. Das Fest wurde von den alten Weisen des Volkes ausgerichtet. Die geladenen Gäste strömten ihren Plätzen zu. Auch ich hatte einen Sitzplatz und Essen, am langen Tisch unserer Götter-Väter.
>
> Doch der Gäste wurden immer mehr. Der Saal dehnte sich immer mehr aus, und viele Tische hatten noch keine Speisen.
>
> Wir, das heißt, zwölf junge Damen, die Nachkommen der Götter-Väter, boten uns

freiwillig an, die Gäste mit Speisen und Getränken zu versorgen. Wir nahmen unsere Aufgabe ernst und trugen immer mehr Speisen auf Silbertabletts aus der Küche. Es nahm und nahm kein Ende. Auch die Gäste wurden immer mehr. Als ich endlich fertig war, ging ich zurück zu meinem Platz. Doch es waren so viele Menschen geworden. Ich hatte keinen Platz mehr.

Die anderen Damen kamen irgendwie unter. Ich versuchte es an vielen Plätzen, überall störte ich, kam mit den Leuten in Disput. Es waren auch außerirdische, menschenähnliche Wesen im Saal. Sie feierten mit, und alle hatten einen Platz.

Ich war wütend, ging zu der großen Anrichte und bediente mich selbst. Ich stellte mich an den Tresen. Irgend jemand nahm meinen Teller und beförderte diesen auf den Boden. Ich ihn wieder zurück auf den Tresen. Bekam ständig Ärger.

An einem ganz besonderen Eichentisch saß ein Schwarzer in einer rubinfarbenen Robe. Ich kannte ihn und wußte, daß er Lucky hieß. Er sah meine Misere, schüttelte verwundert den Kopf und erbot sich, die Angelegenheit zu klären. Er fragte den Jüngling an der Bar, stutzte und fing an zu lachen. Er winkte mir zu, ich solle hinüberkommen, er würde es mir erklären.

Abrupt und erschrocken wachte Andrea auf. Und wieder fehlte ihr die Auflösung. Diesmal nahm sie Papier und Stift zur Hand und schrieb ihn auf. Sie versuchte ihn zu analysieren, was ihr erst nach einigen Tagen gelang. Sie präsentierte sich die Version von zwölf Auserwählten, gleich den zwölf Aposteln Jesus:

Am Anfang war der Götterhimmel nicht so groß, wir waren unter uns. Wir – ich – waren die jungen Nachkommen. Wir erboten uns freiwillig, herabzusteigen und den Menschen durch Vorleben zu dienen, zu lehren und zu führen.

Doch es wurden immer mehr Menschen unterschiedlichster Couleur. Wir dienten – trugen Speisen auf –, lehrten die Menschen.

Als wir unsere Aufgabe beendet hatten, wollten wir zurück auf unsere Plätze und mit den Menschen feiern. Wir hatten Ihnen eine Überfülle auf Silbertabletts dargeboten.

Doch die Menschen hatten das Universum und die Welt (Feier/Fest) bereits nach Gruppen, Macht und Rang aufgeteilt. Die ehemaligen Götter – unsere Väter – waren inzwischen vermenschlicht und mit den Menschen vermengt. Unsere Gruppe, die sich ihrer Aufgabe bewußt war, begriff den Wandel nicht.

Sie lehrte und diente – zu lange? Vielleicht? Vermutlich!

Überall störten wir, wurden abgeschoben, mußten gehen. Wir waren nicht gefragt und begriffen nicht, ich vor allen Dingen nicht – die anderen verlor ich aus den Augen –, warum ich keinen erwünschten Platz hatte. Auch nicht, warum ich nicht auf meinen angestammten Platz zurück konnte.

Ich stellte mir die Frage: Könnte es sein, daß unsere lehrende, dienende Phase vorbei ist? Daß die Menschen das gelernt haben, was zu lernen ist. Wenn ich davon ausgehe, daß die Speisen für geistiges Gut stehen, ist ein Überangebot vorhanden, da alle Speisen auf Silbertabletts serviert waren. Sind die Menschen dadurch in der Lage, sich selbst vom Silbertablett zu bedienen, zu wählen. Es mangelt an nichts. Die Auswahl ist riesig. Die Fülle ist enorm. Jedoch scheint mir, sie haben vergessen, wer das Fest ausgerichtet hat und welchen Zweck es hatte. Sie verstoßen diejenigen, die für diese Fülle sorgten. Gedankenlos, lachend und nicht wissend. Sie sind sehr mit sich selbst und Nichtigkeiten beschäftigt. Sind wir jetzt überflüssig?

Denn das, was ich gesehen habe, war, daß von allen Rassen, Hautfarben und Nationalitäten nur ein Schwarzer mit Namen Lucky – was das Glück bedeutet – im hohen Rat saß. Eigenartig, daß dieser Tisch nicht voll belegt war!

Ist unsere Aufgabe erfüllt, wenn die Akzeptanz aller Rassen und Nationen sich manifestiert? Angesprochen ist hier nicht das einzelne Individuum, sondern die globalen Zusammenhänge der weltwirtschaftlichen und politischen Fragen in Bezug auf Frieden und Einheit. Andrea kam zu mehreren Ergebnissen, doch die wirkliche Botschaft, blieb ungelöst. Sie war sich nicht im klaren, ob ihre Gedanken nur Hirngespinste oder Teile einer Wahrheit waren, die in der Zukunft liegt.

Kurz danach verschied ihre Mutter, und Andrea beschloß, das Haus zu verkaufen und eine Stelle in einer anderen Stadt anzunehmen; als Assistentin einer Moderatorin für Talkshows, die sich mit vielen esoterischen Themen befaßte. Sogleich stellte sich wieder die Angst ein, dem Ganzen nicht gewachsen zu sein, sich unsterblich zu blamieren. Wie sollte sie das alles nur hinkriegen, bestimmt würde jeder merken, wie unsicher sie sein würde. Ach, und ob das alles wirklich so gut war, wie sie anfangs dachte? Sie wußte es nicht mehr.

All diese Erinnerungen liefen wie ein Film vor ihrem Auge ab. Doch irgendwie spürte sie, daß dies kein Zufall sein konnte. Es verdichtete sich zu einem inneren Wissen, jetzt und in diesem Buch Antworten auf ihr Leben, den Sinn, ihren Weg und all die ungefragten und unbeantworteten Seinsfragen zu erhalten.

Vorsichtig hob sie das Buch hoch und blätterte entschlossen um.

»Meine geliebte Andrea,
ich kann mir gut vorstellen, was in Dir abläuft und von welchen Emotionen Du gerade jetzt überflutet wirst. Doch bitte folge meinen Anweisungen, denn es ist an der Zeit, daß Du begreifst, wer Du bist und welche Aufgaben Du gewählt hast. Schließe Deine Augen und laß das Buch sinken.«

Andrea tat, wie es geschrieben stand. Und wie aus dem Nichts hörte sie plötzlich die geliebte Stimme ihres Vaters, die sprach:

»Wende Deine Augen den Strahlen der Sonne zu, halte Deinen Blick auf das Fenster gerichtet. Spüre und fühle, wie ein kräftiger Sonnenstrahl genau auf Deine Stirn trifft. Spüre die Wärme und Energie. Du wirst angenehm entspannt, und ganz von selbst fallen Deine Au-

genlider zu. Gleichzeitig spürst Du die Wärme stärker, das Licht und die Energie. Ein wohliges Gefühl durchdringt Deinen ganzen Körper und hüllt ihn ein in weißgoldenes Licht.

Du spürst das Licht, und Du empfindest Liebe, ein tiefes inniges Gefühl. Ein Gefühl des Verstehens und des Begreifens.

Raum und Zeit sind aufgehoben, und alles, was geschieht, ist gut. Alles, aber auch alles.

Dich, meine geliebte Tochter, werde ich führen und leiten. Komm mit mir durch Raum und Zeit, komm mit mir bis in den Beginn der Ewigkeit. Folge mir . . .«

Andrea spürt die Wärme und das Licht, das sie umgibt. Sie fühlt ihren Körper schwer und leicht zugleich und registriert mit wachem Bewußtsein und geschlossenen Augen eine angenehme, leichte Atmosphäre, umhüllt wie von einem dunstigen Wolkenschleier. Wieder hört sie die Stimme, die sagt: »Folge mir . . .«

Fast schwebend, wie durch ein unsichtbares Band verbunden, fühlt sie sich nach vorne gezogen. Die Wolkenschleier lichten sich, und sie erkennt ein sehr, sehr großes Gebäude. Die Tore öffnen sich, und alle wartenden menschlichen Wesen strömen hinein.

Andrea wird durch einen Seiteneingang in

den Saal zum Rednerpult geführt. Dies wäre ihr Platz und ihre Aufgabe.

Wie selbstverständlich nimmt sie ihre Pflichten wahr und hält einen stundenlangen Vortrag; über Leben und Sterben, den Zusammenhang von Geist – Körper – Seele, Krieg und Frieden, Haß und Liebe und die spirituellen Gesetze, die auf allen Ebenen, in allen Dimensionen und Welten überall die gleichen sind.

Andachtsvolle Aufmerksamkeit herrscht im Saal. Ab und zu wird nur beifällig genickt. Immer mehr Ruhe und Frieden breiten sich aus, und die Menschen lauschen begierig der einzigen Wahrheit.

Der Vortrag ist zu Ende. Atemlose Stille. Und dann setzt ein nicht enden wollender Applaus ein. Andrea verneigt sich und geht von der Bühne.

Andrea erschrak furchtbar, denn . . . sicher nur wieder eine ihrer Halluzinationen. Nein, das konnte doch nicht sie sein. Nein! Nur das nicht. Davor hatte sie viel zuviel Angst, und außerdem war das völlig utopisch.

Mit letzter Kraft und übermenschlicher Anstrengung riß Andrea die Augen auf und versuchte mühsam in die Wirklichkeit zurückzukommen. Sie blickte umher. Doch es war alles wie vorher. Immer noch schien die Abendsonne durch die blinden Scheiben der Dachlukenfenster und zauberte ein beinahe unwirkliches Licht in den Speicher.

Gedankenverloren und automatisch sortierte sie die entnommenen Stücke wieder in die Truhe zurück und klappte mit einem Ruck den Deckel zu. Mit dem kostbaren Buch in Händen kletterte sie wieder hinunter. Sie legte es auf den Kaminsims, griff sich eine warme Jacke und ging ins Freie. Sie wanderte zur Steilküste zu ihrem Lieblingsplatz, mit Blick hinaus auf die offene See.

Glutrot färbte die Abendsonne den Horizont und versank langsam in den Fluten des großen unendlichen Meeres. Die See und der Himmel wurden eins, grenzenlos und unendlich weit. Es gab kein Gestern, kein Heute und kein Morgen. Die Zeit schien stillzustehen, denn auch sie wurde eins.

Eine leichte Brise war aufgezogen. Andrea fröstelte, schlang die Jacke fester um sich, stand auf und lief eiligst nach Hause. Es kam ihr vor wie ein Abschied ihres Lebens, und sie fragte sich zum soundsovielten Male, ob ihre Entscheidung richtig sei.

Die Seele

Diesmal konnte sie dieser Spaziergang weder trösten noch ihr Unbehagen verringern. Sie hatte auf keine ihrer quälenden Fragen eine vernünftige Antwort. Wieder zu Hause angelangt, fühlte sie sich immer noch, als ob sie neben sich stehen würde. Als würde sie gleich jemand am Arm zwicken und sagen: Hallo, was ist mit dir, wach auf! Doch nichts dergleichen geschah.

Was war das nur, was sie da gesehen beziehungsweise erlebt hatte? Und wieso hatte sie sich für eine Aufgabe entschieden? Na, wenn schon Aufgabe, dann aber doch nicht eine solche: Vorträge über geistige und irdische Gesetze. Das könnte sie doch nie schaffen, und außerdem hatte sie nicht studiert, und wer ist sie denn schon? Das ist ja lächerlich, ausgerechnet sie; als ob die Welt auf *sie* warten würde. Sie ist doch keine Auserwählte, dafür gibt es doch andere, wie Sai Baba oder Jesus Christus oder Martin Luther King oder, oder . . . Ausgerechnet sie, nein, das wäre Größenwahnsinn, sicher würde sie bald den Verstand verlieren und dann in der Klappsmühle landen. Nein, dieses Schicksal wollte sie nicht annehmen, und außerdem war das Ganze sicher nur eine Ausgeburt ihrer Phantasie. Es war wohl zuviel Streß in den letzten Monaten und dann heute noch dieses merkwürdige Ereignis auf dem Dachboden.

Krampfhaft versuchte Andrea sich von den gerade gewesenen Ereignissen zu befreien, als ihr Blick auf das Buch auf dem Kaminsims fiel. Hartnäckig versuchte sie, es zu ignorieren und den leise ziehenden Schmerz in ihrer Brust durch überdrehte Fröhlichkeit zu übertünchen. Laut drehte sie die Stereoanlage auf. Betont forsch holte sie sich eine Flasche Wein aus dem Keller und schenkte sich ein Glas voll ein. Sie zündete eine Kerze an. Der ruhige Schein der Flamme brach sich in dem geschliffenen Kristall, in dem der dunkelrote Burgunder funkelte. Und wieder fühlte sie sich wie in einer anderen Realität.

Doch genau das wollte sie nicht, sie wollte mit beiden Beinen auf dem Boden bleiben, schwer genug würde ihr Leben ohnehin werden – und dann noch so etwas. Nein danke!

Etwas Ablenkung würde ihr guttun, beschloß sie. Gesagt, getan. Sie würde Lena dazu überreden, heute abend mit ihr Essen zu gehen und danach auf die Piste. Mit Lena konnte sie sicher auch über ihr seltsames Erlebnis reden, Lena würde es schon verstehen, zumindest würde sie nicht darüber lachen.

Also griff Andrea zum Telefonhörer und tippte die Nummer . . . Begriffsstutzig hielt sie den Hörer vors Gesicht, hämmerte abwechselnd auf die Gabel und auf die Tasten, bis ihr einfiel, daß das Telefon schon abgeklemmt war.

Stärker wurde dieser leise ziehende Schmerz in ihrer Brust. Mißmutig sah sie auf das kleine Buch auf dem Sims. Sie hatte das Gefühl, es bringe ihr Leben durcheinander. Oder war es der Wein, der bereits ihr Gehirn vernebelte? Sie wußte es nicht mehr. Auch egal, beschloß sie und schenkte sich noch ein Glas nach.

Lustlos kuschelte sie sich in ihre bequeme Sofaecke vor dem Kamin und stierte vor sich hin. Völlig unzufrieden mit sich und der Welt, griff sie sich das Buch. Eigentlich wollte sie nicht mehr wissen, was da noch alles drinstand. Denn was sie heute an einem einzigen Tag erlebt hatte, war des Guten zuviel.

So grübelte sie eine Weile vor sich hin, bis sie endlich die Stelle von vorhin aufschlug.

»Meine Tochter,
warum ist es so schwer zu verstehen, daß Du eine Seele in einem irdischen Körper bist und

Du Dir Deine Lebensaufgabe sowie Dein Leben selbst gewählt hast. Du hast es Dir zur Bestimmung gemacht, etwas zu verändern, die Menschen zu lehren, um das Mensch-sein zu erleichtern. Bitte erinnere Dich an das soeben Gesehene und Erlebte. Es ist in einer anderen Dimension bereits Realität und soll durch Dich und andere hier auf Erden Realität werden.

Du wirst Dich jetzt sicher wundern, daß Du diese Zeilen liest, als ob sie gerade jetzt passend zu Deinem Erlebnis geschrieben worden seien. Ich kann Dir versichern, dem ist nicht so. Alles, was war und jemals sein wird, also alle wichtigen Stationen der Menschheit, des kosmischen und irdischen Weltengeschehens, sind aufgezeichnet wie in einem großen Buch. Die Menschen nennen es die ›Akasha-Chronik‹ oder das ›Buch des Lebens‹. Du hast doch sicher schon von den Palmblättern aus der Bibliothek in Poona gehört, auf denen jedes Schicksal verzeichnet ist. Verstehe, alles, was war und je mals sein wird, steht geschrieben. Das ist der Grund, weshalb wir wissen, daß Du jetzt Antworten brauchst, um Verständnis zu erlangen, damit Dein Wissen reaktiviert werden kann.

Seit einigen Jahren stellst Du Dir immer wieder dieselben Fragen. Was ist Seele? Was ist die Lebensaufgabe? Was habe ich mir ausgesucht? Warum lebe ich gerade dieses Leben? Bin ich es wert, glücklich und zufrieden zu sein? Wollte ich denn überhaupt geboren werden? Bin ich freiwillig hier, und wenn ja, warum?

Zusammen mit dem Seelenrat wurde beschlossen, Dir anhand einer Seele, die als Symbol für Millionen von irdischen Menschen steht, die Stationen aufzuzeigen, die eine Seele durchläuft, bevor sie sich inkarniert, und auch die nachfolgenden Verwicklungen. Daran erkennst Du, daß kein menschliches Wesen je zu etwas gezwungen wird oder wurde, sondern sein ganzes Leben frei wählt, gemäß seiner von ihm eigens gestellten Aufgabe.

Liebe Andrea, schließe Deine Augen, entspanne Dich ... laß alle Gedanken los ... höre die zauberhafte Melodie des Universum ... Töne so sanft, rein und klar ... Lausche ... laß Dich fallen, schwebe ... spüre, daß Du Geist bist ... ein winzig kleiner Lichtpunkt bist, spüre ... fühle ... empfinde ... laß Dich tragen ... flieg kleiner Vogel ... fliege durchs Universum ...«

»Wohin, Vater?« seufzt Andrea sehnsuchtsvoll.

»Zu Leihja, der alten weisen Seele aus dem Seelenrat«, hört sie die geliebte Stimme in ihrem Kopf.

Wer ist Leihja, will sie noch fragen, doch dazu

kommt es nicht mehr. Sie kann keinen klaren Gedanken festhalten. Sie schwebt durch Raum und Zeit, begleitet von der Melodie des Universums zu Leihja in den Seelenrat.

II. Kapitel

Gaf – die Seelenhalle

Eine Seele wartet mit Tausenden und Abertausenden anderen Seelen in der großen weiten Seelenhalle darauf, sich wieder in einem Menschenkind inkarnieren zu dürfen. Interessiert sieht sie von oben herab auf die vielen entstehenden neuen Erdenleben. Sie sucht sich eines davon als das ihrige aus, von dem sie meint, es bringe sie ans Ziel.

Genau betrachtet sie ihren Weg, ihre Aufgaben und Lernprozesse. Und genau achtet sie auf die großen und kleinen mehr oder minder schwierigen Stationen eines Menschenlebens. Besonders diese prägt sie sich gut ein.

Bedächtig wägt sie ab, sieht noch genauer hin und versucht, sich auch die geringsten Fallen und Stolpersteine zu merken und ins Bewußtsein zu speichern.

Die vergangenen Leben laufen wie Filme vor ihren Augen ab. Sie sieht die Fehler, die guten Taten, den Nutzen, den Schaden und auch die

Resultate. Sie erkennt all das, was sie letztendlich nicht ans Ziel brachte.

Doch dieses Mal – noch deutlicher versucht sie, alles zu erkennen –, sie weiß es genau, ja, dieses Mal schafft sie es.

Hilfesuchend wendet sie sich an eine der alten weisen Seelen aus dem Rat der Seelen. Gerne möchte sie ganz sicher sein, die Vollendung dieses Mal auch wirklich zu erreichen, in diesem nächsten für sie anstehenden Leben.

Verständnisvoll und abwägend blickt die weise Seele sie an. Sie sieht: Bilder, bereits im Kindesalter von Schmerz, Leid, und Brutalität gezeichnet. Ausgestoßen von den Klassenkameradinnen, nur wenige Freundschaften, viel Liebe und Anerkennung von den Eltern. Doch halt: tragischer Tod des Vaters, Liebeskummer, Schmerz, Trennung, Depressionen, Krankheiten, Probleme am Arbeitsplatz. Und was danach folgt . . . Die weise Seele ist sich sicher, diese Phasen hat die junge Seele nicht deutlich genug geschaut. Denn diese Geschehnisse ereignen sich durch die freie Wahl der Wege, durch das Menschenkind selbst. Meistens liegen sie jenseits der Vorschau oder sind so undeutlich, daß die Seele die Tragweite des Geschehens nicht ermessen kann.

Andererseits erblickt sie eine Fülle von schönen, glücklichen, freudvollen Situationen. Eigentlich müßte dieses Menschenkind doch zum größten Teil fröhlich durch das Leben schreiten. Verstehend erkennt sie die Ungeduld dieser noch jungen Seele, den Eifer, den Drang, das unbedingte Erreichenwollen dieses einen Zieles – die Vollendung zu erlangen.

Die weise Seele überblickt in ihrer Reinheit viele Leben – auch die zukünftigen – dieser jungen Seele. Sie erkennt, daß, auch wenn sie sich vom Wege entfernt, was geschehen wird, dies ihrer weiteren Entwicklung zur Vollendung dient. Gleichzeitig sieht sie, daß in diesem Fall, wie in fast jedem Leben, eine kosmische Kurskorrektur nötig sein wird.

Da ihr die Auswirkungen eines kosmischen Einschreitens auf ein menschliches Leben wohl bekannt sind, gleitet ein wehmütiger Hauch über ihr Antlitz. Doch sie lächelt. Sehr weise und einfühlsam wendet sie sich der jungen Seele zu: »Nachdem du dein nächstes Leben sehr genau angesehen hast, deine Lernaufgaben erkannt hast, auch die Gefahren und Schwierigkeiten kennst, frage ich dich jetzt: Ist es dein freier Wille, dich in diesem Menschenkind zu entwickeln? Wähle gut und entscheide dich«, spricht sie sanft und liebevoll.

Voller Freude, Tatendrang und Lebenslust jubelt die Seele: »Ja, ich will durch dieses Menschenkind leben!«

»Gut, so sei es! Deine Entscheidung ist gefallen. Nun bist du sicher müde vom vielen Schauen. Wie du weißt, hast du noch etwas Zeit bis zum Eintritt in dein Erdenleben. Gehe solange in die Ruhehalle, in der auch die anderen Seelen auf ihren Wiedereintritt warten. Und nimm noch eines mit auf den Weg. Du wirst bewacht, behütet und beschützt. Wir sind mit dir auf allen deinen Wegen und in allen Situationen. Die für dich abgestellten geistigen Helfer sind immer in Licht und Liebe bei dir. Auch hast du als Seele während deines Aufenthaltes in der Erdenzeit immer die Möglichkeit, zwischendurch nach Hause zu kommen. Wir sind immer für dich da. Dies sind besonders wichtige Worte. Bitte präge sie dir gut ein und vergiß sie nie. Vergiß sie nie – egal, was auch immer kommen mag. Und nun geh!«

Die Ruhehalle

Besonders eindringlich hat die Stimme der weisen Seele geklungen, so daß die junge Seele ahnt, hier doch etwas für sie sehr Wichtiges übersehen zu haben. Aber die Entscheidung ist gefallen.

Plötzlich wird ihr schwer, so als ob sie eine Last drückt. Langsam und mit einem unguten Gefühl schwebt sie in Richtung Ruhehalle.

Versonnen und nachdenklich steht die weise Seele noch immer auf dem gleichen Fleck. Mit wissenden Augen blickt sie ihr nach.

Es wird ruhig, still – je weiter sie sich entfernt.

Leise Musik, melodische Klänge, sanft und fließend, umfangen ihr Sein.

Wie in Trance trifft sie in der Ruhehalle ein. Sie schwebt umher, sieht sich um und erkennt, daß fast alle Seelen in dieser Halle schlafen. Nur einige wenige sind wach geblieben. Sie sucht sich ein freies Plätzchen und läßt sich nieder. Die zauberhaften melodischen Töne lullen sie weiter ein, und bald gleitet auch sie in einen tiefen Schlaf.

Schlaf des Vergessens

Es ist der Schlaf des Vergessens, denn alles wird vergessen, alles, was jemals war. Alle vergangenen Leben, alle multidimensionalen

Seinszustände dieser Seele und alle zukünftigen Leben. Alles wird komprimiert auf eine einzige Spur, die Zeitspur der Seele. Und auch das wird vergessen.

Bekanntes und erworbenes Wissen wird im Schlaf des Vergessens zu einer ewigen Melodie, vergraben in den tiefsten Tiefen, dem Meer der Zeit. Was dem Menschenkind noch bleibt, ist das Geheimnis, das Mysterium, die Sinnfrage und die dunkle Ahnung, daß es die Antwort in sich trägt, auf vergangene, zukünftige, auf alle Ereignisse, auf alles, was ist. Denn es hat auch vergessen, daß es den Schlaf des Vergessens überhaupt gibt!

Sanft wird die kleine Seele geweckt und gebeten, sich zum Wiedereintritt vorzubereiten. Sie schaut hinunter auf ihre leiblichen Eltern, sieht den Vater, die Mutter und auch noch die nächsten paar Jahre ihres irdischen Lebensweges. Liebe und Freude durchströmt sie, wieder zu leben.

Doch halt, irgendwie fühlt sie sich leicht benommen. Hatte sie nicht noch mehr gesehen, hatte sie nicht um Rat gefragt, bei einer der alten weisen Seelen?

Suchend sieht sie sich um. War das nur ein Traum? Ist es wirklich das Leben, welches sie sich ausgesucht hatte? Oder wurde es jetzt irgendwie verwechselt? Ach, wenn ich mich doch nur richtig erinnern könnte, meint sie. Denn das, was sie jetzt schaut, gefällt ihr doch zum Teil gar nicht. Ob sie das noch umtauschen kann?

Leider ist niemand mehr da, den sie um Rat fragen könnte. Ach, vielleicht hat sie das alles nur geträumt? Vielleicht ist alles doch nicht so schlimm wie soeben gesehen. Und außerdem, jetzt, da sie so vieles weiß, kann sie es ja ändern, denkt sie!

Der Eintritt

Das Unvermeidliche geschieht. Die Zeit drängt, und die Seele verbindet sich mit dem Menschenkind.

Der Wiedereintritt ins irdische Leben hat stattgefunden. Noch kennt sie den Ausstieg. Noch ahnt sie etwas von dem, was sie erleben will und zu lernen gedenkt. Noch freut sie sich auf die Ereignisse. Noch fühlt sie sich stark, behütet und geleitet. Ganz bestimmt schafft sie es – diesmal!

Die ersten Jahre vergehen. Das Menschenkind lernt sprechen, laufen und vieles mehr. Es nimmt sich die Eltern und Erwachsenen als Vorbilder. Je mehr es lernt, zu denken und zu handeln, desto mehr geht an ursprünglichem Wissen verloren.

Doch manchmal sprudelt es noch heraus. Es will den Erwachsenen erzählen, daß es Engel gibt, daß es mit Elfen spielt, daß es ein Land kennt, in dem Wiesen eine blaue Farbe haben und in dem es selbst noch fliegen kann. Es will ihnen erklären, daß es mehr gibt als nur diese eine Realität. Doch viele Erwachsene weisen es als Phantasie-, als Lügengeschichten und Märchen ab.

Immer wieder wird das Menschenkind abgewiesen, und die lichten, liebevollen, starken Seelenanteile des heranwachsenden Kindes werden dadurch niedergetrampelt und zerstört. Immer wieder fragt es sich traurig, was sie denn falsch macht, ob sie ihre Aufgabe vielleicht nicht richtig verstanden hätte, der Lehrer der Erwachsenen zu sein.

Ob der vielen Zurückweisungen weint sie traurig in sich hinein, und die Seele wird immer schwerer. Das Menschenkind reagiert bokkig, trotzig, zornig und meint, irgend etwas müsse es doch geben, um die Aufmerksamkeit der Erwachsenen zu erringen und zu ihnen durchzudringen.

Unbewußt findet es Mittel und Wege, um von den Erwachsenen und der Außenwelt wahrgenommen zu werden. Durch unkontrollierbare Verhaltensweisen, entweder durch Introvertiertheit oder Extrovertiertheit, läßt es sich auf Abwege ein.

Doch damit hat das Menschenkind einen falschen Weg gewählt. Irgendwie ahnt und weiß es auch, daß es am seidenen Faden hängt. Doch es hat vollends vergessen, daß es der Seelenfaden nach Hause ist – und daß es mit dem Seelenrat noch immer verbunden ist. Es will sich nicht weiter damit befassen.

Der Verstand sagt, alles Spinnkram, bringt ja doch nichts. Daher betäubt es sich in noch stärkerem Maße.

Die »guten« Boten

Kopfschüttelnd schaut der weise Rat der Seelen zu und beschließt, der kleinen Seele noch einige Chancen einzuräumen, bevor zu einer Kurskorrektur geschritten werden muß.

Also werden der kleinen Seele, welche bereits den Lebenskurs verlassen hat, Boten – Menschen – geschickt, die ihr behilflich sein wollen, aus ihrem Dilemma wieder herauszukommen.

Noch kann sie den falschen Fluß verlassen und wieder – mit Hilfe der Boten – in den richtigen Fluß hinüberspringen.

Die Boten, die ihr gesandt werden, arbeiten zuerst über Hilfestellung, sanft, liebevoll und geduldig. Sie verwenden Zeit, Energie und Inbrunst darauf, dieser Seele zu helfen, wobei sie sich oft nicht erklären können, warum sie immer und immer wieder versuchen, diesen Menschen zu helfen. Doch das Ego des Menschenkindes ist störrisch, und es fühlt sich vom Leben ungerecht behandelt. Es schimpft auf Gott und die Welt und protestiert gegen alles und jeden.

Es ist schwer für die Boten. Die Bemühungen laufen zu oft ins Leere. Die Erfolge sind zu gering, die Schritte zu klein, um damit die Seele wieder in ihren vorhergesehenen Lebensfluß zu bringen.

Nach geraumer Zeit wenden sich die guten Boten – aufgrund einer inneren Order – enttäuscht ab. Es bleibt ihnen nichts anderes übrig, als mit traurigem und schwerem Herzen hilflos zuzusehen, wie dieses Menschenkind ins Chaos schlittert.

Sie spüren, daß sie ihre Kraft und Hilfestellung für andere Seelen einsetzen müssen, denen noch auf gutem Wege geholfen werden kann.

Die »schlechten« Boten

Dann beschließt der Seelenrat die Kurskorrektur: Er zieht nur kurz an der Seelenschnur und schon verheddert sich das Menschenkind im Sumpf und Schling des falschen Flusses.

Andere Boten werden gesandt. Sie erhalten die Erlaubnis, durch ihre Arbeit den oft jahrelangen Leidensweg der betreffenden Seele abzukürzen. Es sind Boten, die Unfälle anbieten, die Trennungen und Scheidungen auslösen, die schwere Krankheiten verursachen, gemäß dem Denken und der Ansprechbarkeit des jeweiligen menschlichen Egos.

Die Menschenkinder benennen es oft mit folgenden Sätzen: »Das Schicksal hat mich getroffen. – Ich bin vom Pech verfolgt. – Ein Unglück kommt selten allein. – Alles, was ich anfasse, geht schief. – Der liebe Gott hat mich verlassen.«

Alle diese Boten sind jetzt am Werk. Oft lösen sie eine Kette von Unglücken aus, und das nur, um zu helfen, die kleine Seele in ihren Lebensfluß zurückzubringen.

Das Menschenkind spürt, ahnt im voraus; jetzt kommt keine gute Zeit für mich. Dunkel und trübe schaut es in die Zukunft. Was da kommt, davon hat es nur eine dumpfe Ahnung, doch eines weiß es genau und mit Sicherheit, das will es nicht!

Manche Seelen geben an diesen Punkten auf und scheiden aus diesem Leben. Sie haben für diesmal verloren. Sie gehen nach Hause, um die nächste Chance wahrzunehmen; doch leichter wird diese gewiß nicht.

Das Menschenkind rüttelt und stemmt sich dagegen, schlägt wild um sich, rastet aus und rennt gegen alles an. Gegen alles! Denn es hat das Gefühl, die ganze Welt ist gegen es, und jeder will ihm nur etwas Schlechtes antun.

Es spürt, daß es in einen sehr gefährlichen

Fluß geraten ist. In einen Fluß, in dem es viele ähnliche Schicksale gibt.

Gemäß der eigenen Schwingung lernt es innerhalb kürzester Zeit sehr viele Leute mit ähnlich katastrophalen Schicksalen kennen. Überall wo es hinsieht, entdeckt es nur noch Kummer, Zerwürfnisse, Angst und Sorgen.

Die Schönheiten der Natur, die kleinen Freuden und Geschenke, die es trotzdem nach wie vor noch gibt, nimmt es einfach nicht mehr wahr; die Freude daran fehlt. Und so sucht es nach den großen Highlights. Wird eines erreicht, so verblaßt die Freude daran jedoch sehr schnell.

Hilflos mit einem Gefühl des Alleinseins fuchtelt es umher und weiß selbst nicht mehr, wie es aus dieser schwierigen Situation herauskommen soll. Es findet keinen vernünftigen Ausweg und schlägt wild um sich.

Jetzt werden keine Boten mehr benötigt. Das Menschenkind sorgt selbst für weitere Verstrikkungen. Es kommt immer dicker, nichts ist mehr in Ordnung.

Ist die Seele bereits sehr geschwächt, so versucht das Menschenkind über das Außen zu leben und stürzt sich in alle möglichen Aktivitäten. Nur keine Zeit zum Nachdenken, sagt der Verstand.

Seele, geh weg – dich gibt es nicht!
Glaube, geh weg – dich gibt es nicht!
Gott, geh weg – wenn es dich nur gäbe . . .
Gott, ich bin so klein, hast DU mich vergessen?

Die Devise lautet: »Ich glaub' an gar nichts!« In manchen dieser Augenblicke bäumt sich die Seele auf. Sie wird stark und laut. Sie rebelliert mit körperlichen Schmerzen, wie Herzbeschwerden, Phantom- und Gliederschmerzen sowie mit Tränen bei Nichtigkeiten.

Ist das Drama sehr weit fortgeschritten, kommen Sätze vor, wie: »Ich weine um mein verlorenes Glück. Um etwas, was sein könnte, von dem ich aber nicht einmal weiß, was und wie es sein könnte. Ich weine um die verlorene Chance.«

Das Menschenkind schaut zurück und fühlt sich schuldig, voller Fehler und Ballast. Selbstachtung, Selbstvertrauen und Gottvertrauen, scheinen verloren.

Der falsche Film

Eiseskälte liegt über der Seele, ein Gefühl des Verlassenseins und der Verlorenheit bemächtigt sich ihrer. Das Leben hat den Sinn verloren.

Wofür, wozu, warum? Solche bohrenden Fragen beschäftigen bewußt, manchmal unbewußt, das Gehirn des menschlichen Wesens.

»Ach, wenn es doch nur irgend etwas gäbe – irgendein Wunder. Ich bin so müde, so leer. Ich mag nicht mehr. Ach, wenn ich doch nur das Rad zurückdrehen könnte. Wenn ich nur nicht so viele Fehler gemacht hätte. Ach, wenn ich doch nur glauben könnte, daß es einen Gott gibt, der mir meine Fehler vergibt, so daß alles wieder läuft.«

Viele dieser Selbstvorwürfe und Anklagen belasten nun die psychische Verfassung. An dieser physischen Station des Lebens angelangt, kapselt sich das Menschenkind in sich selbst ein. Es hält sich überwiegend in den eigenen vier Wänden auf. Nach und nach löst sich der Freundeskreis auf. Kontakt zu neuen, netten Menschen wird meist nicht hergestellt, denn es hat ja das Gefühl, es hat den anderen nicht allzuviel zu bieten. Immer bohrender und drängender werden die Sinnfragen – »Wofür? Wozu? Warum? Was soll ich hier? Das kann´s doch nicht gewesen sein.«

Eines ist auf alle Fälle klar: »So kann und darf es nicht weitergehen, sonst steige ich aus, ich bringe mich um.«

Doch sowie das Menschenkind diesen Satz zu Ende gedacht hat, spürt es, wie schwer ihm ums Herz wird, und meistens steigt ein heißes Gefühl aus dem Inneren empor, gepaart mit Tränen und flatternden, zuckenden Lippen. Auch dieses wird vom Verstand gewaltsam unterdrückt – bis, ja bis zum nächsten, noch heftigeren Anfall. Das Nervenkostüm liegt blank und reagiert mit Tränen und »Gedanken von Schluß machen« auf die winzigste Kleinigkeit. Problemchen werden zu Problemen. Immer wieder tauchen tagsüber die Sätze auf: »Ich kann nicht mehr – ich will nicht mehr«, in der Nacht begleitet von Alpträumen. Am liebsten würde es nach Hause gehen, was auch immer das wohl sein mag. Es hat ein übermächtiges Verlangen nach Frieden und Geborgenheit. Es erkennt: Ich befinde mich im falschen Film, in falschen Fluß! Eines ist klar: Ich muß in meinen Film, in meinen Fluß zurück . . .

Es reicht

Gewaltsam versucht Andrea die Augen aufzureißen, doch sie sind offen und werden durch das ständige Reiben auch nicht klarer. Erstaunt sieht sie sich um und kann es kaum glauben. Sie entdeckt eine große Leinwand. Ob sie träumt? Sie erinnert sich an Wärme, Licht, schweben und fliegen wie ein Vogel – ein Seelenvogel – in den Himmel? Ist das der Himmel? Nein, der sieht anders aus, beschließt sie, den hat sie sich schöner vorgestellt.

»Tolle Geschichte, doch ich kapier' hier gar nichts!«, sagt Andrea widerborstig. Ablehnend wendet sie sich der weisen Seele zu. »Was hat das Beispiel mit meinem Leben oder dem Leben anderer Menschen zu tun? Wie soll ich mein Leben verstehen, meine Zukunft, mich, meine Seele?« Demonstrativ verschränkt sie die Arme vor der Brust, geht in Abwehrhaltung und betont immer wieder: »Ich versteh' das nicht, nein, das kapier' ich nicht, wie soll ich das nur auf die Realität umlegen.« Eindeutig weigert sie sich.

Geduldig versucht die alte Seele auf sie einzureden, um ihr nochmals das Wichtigste zu erklären. Doch Andrea schüttelt nur den Kopf. Sie will nicht, denn der Panzer, den sie sich aufgebaut hat, droht zu bröckeln. Sie spürt, es ist Zeit, sich, ihre Umwelt und ihre Aufgabe anzusehen und anzunehmen.

Wieder sagt sie, sie verstehe das nicht. Sie könne das nicht umsetzen.

Daraufhin wird eiligst der Seelenrat herbeigerufen. Die Alten beschließen aufgrund dieser besonderen Situation, Andrea zu erlauben, direkte Fragen zu stellen und anhand von Situationen ihr bekannter Menschen die Auswirkungen zu zeigen.

Die Alten sind einhellig der Meinung, in diesem besonderen Fall eine Ausnahme machen zu dürfen, denn sie wissen, daß die Seele, die sich in Andrea inkarniert hat, nachhaltig das Schicksal vieler Millionen Menschen zu einem positiven Wandel veranlaßt. Sie wissen, es ist höchste Zeit, daß Andrea mit ihrer Aufgabe beginnt. Denn die Zeit wird knapp, die der Menschheit für einen Wandel verbleibt.

»Gut, Andrea, höre, wir haben beschlossen, dir alle Fragen zu beantworten und dir in Alltagssituationen die Auswirkungen zu zeigen. Wir erlauben dir, Fragen zu der Geschichte, zu deinem eigenen Erlebten und zu Erlebnissen anderer Menschen zu stellen.

Doch am besten ist, wir gehen zurück zu *Gaf – der Seelenhalle*.

Was verstehst du nicht? hört Andrea sie fragen.

Eigentlich ist sie viel zu verwirrt, so daß sie nicht mal weiß, was sie fragen soll – und wieso reden die, wenn sie nicht mal die Lippen bewegen? Ah, das geht wohl über den Geist, denkt sie, auch gut.

Und wieder wird es still um sie . . . und wie aus heiterem Himmel sieht sie das Szenario auf der großen Leinwand als Film ablaufen.

»Halt, das hätte ich gerne erklärt«, greift sie ein. Nein, eigentlich beschäftigt sie eine ganz andere Frage mit intensiver Dringlichkeit.

Sie entscheidet sich um und fragt: »Woran sehe oder erkenne ich, wenn ›schlechte Boten‹ in ein Leben treten. Bitte gebt mir ein Beispiel.«

Kurz denkt die alte Seele nach und präsentiert Andrea einen neuen Film auf der Leinwand, auf der ein Paar sich eng umschlungen hält.

Also, das sind doch Tanja und Sven. Aber Sven ist mit einer anderen verheiratet. Er hat einen kleinen Sohn und eine reizende Frau, die ihn und das Kind von Herzen liebt. Andrea sieht, wie alles begann, ganz harmlos, nur ein Flirt, doch es wurde immer mehr und mehr. Tanja spielt ihre Reize aus, um Sven mit Haut und Haaren zu besitzen. Und er, etwas labil, geschmeichelt und betört von der exotischen Schönheit und Wildheit dieser Frau, gerät in ihre Fänge.

Bald ist ihm gleichgültig, ob seine Frau es weiß oder seine Ehe darunter leidet; er will nur noch Tanja. Er ist ihr sexuell hörig geworden und bildet sich ein, die große Liebe gefunden zu haben. All das Schöne und Gute, das ihn mit seiner Familie verbindet, tritt immer mehr in den Hintergrund. Eines Tages geht er. Er läßt alles zurück.

Im ersten Moment genießt Tanja ihren Triumph, doch schnell wird sie seiner im Alltag überdrüssig. Sie sucht sich einen neuen Liebhaber und setzt Sven vor die Tür.

Nach Hause kann er nicht zurück, denn die Versöhnungsangebote in der Vergangenheit hat er immer zurückgewiesen. Inzwischen hat sich seine Frau abgewendet und die Scheidung eingereicht.

Sven nimmt sich ein möbliertes Zimmer und ertränkt seinen Kummer in Alkohol. Er vegetiert so vor sich hin, ist mittlerweile schon einige Male krank gewesen, und seine Arbeitsstelle ist gefährdet.

Einmal hat er sich mit Andrea getroffen, um zu erfahren, ob sie etwas Positives bei seiner Frau ausrichten konnte, er wolle doch zurück. Er wolle es noch einmal versuchen, es wieder gutmachen.

Andrea sieht sich diese Szene an, in der sie ihm gegenübersitzt und leider sagen muß, daß für ihn jegliche Rückkehr zu spät sei und sie ihm auch nicht helfen könne. Noch einmal spürt sie das heftig aufwallende Mitleid ihm gegenüber, auch als er einen Brief aus der Tasche zieht, leicht verschmutzt, die Ecken und Kanten bereits ausgefranst; wer weiß, wie lange er diesen schon mit sich herumträgt. Sie liest die krakelige Handschrift . . .

Liebe Carla, bitte verzeih mir alles, was ich Dir jemals angetan habe, ich würde es gerne wieder gutmachen, doch wie es aussieht, gibt es dazu keine Gelegenheit mehr. Da keine Rechtfertigung angebracht ist, sage ich es in einem Gleichnis:

Neugierig, wie ich war, öffnete ich die Tür zur Hölle; nur einen Spalt breit, doch sie wurde einladend aufgestoßen und ich hineingebeten. Sie sagte: »Guten Tag, ich grüße dich und freue mich, dich hier zu sehen.«

Glutheiß umarmte sie mich und ließ mich von nun an nicht mehr gehen. Ich wußte nicht, wie mir geschah, und hielt das Ganze für eine Ausgeburt meiner Phantasie. Weltmeister im Verdrängen, der ich war, lebte ich mein Leben weiter wie bisher . . . Immer mehr ging schief, immer mehr daneben. Alles, was ich im guten Glauben begann, endete in Schwierigkeiten und Chaos. Ich verstand die Welt nicht mehr, Gott nicht mehr und glaubte an gar nichts mehr.

Wut, Zorn und Hilflosigkeit beherrschten meine Tage, und ich fühlte mich in meinen eigenen Fesseln gefangen und gebunden. Ich war fremdbestimmt. Ich habe vergessen, wer ich war und was ich war, und weiß nicht, wie es weitergehen soll. Es ist, als ob ich der Hauptdarsteller im falschen Film bin.

P.S. Kannst Du mir verzeihen? Ich bitte Dich darum, vergib mir meine Schuld!

Ob seine Frau diesen Brief jemals zu Gesicht bekam? Andrea weiß es nicht, denn augenblicklich erkennt sie die Zusammenhänge. Sie weiß, daß es nicht kosmisches Schicksal ist und ihr Mitleid daher unangebracht war, sondern menschliche Schwäche, mangelnder Glaube, mangelndes Selbstvertrauen und ein nur minder entwickeltes Wertgefühl der eigenen Göttlichkeit im Menschen, daß diesem Menschenkind Sven zum Verhängnis wurde. Sie erkennt, daß es viele Menschen gibt, die nur durch das Außen leben und sich dann auch im Außen verstricken. Auch ist ihr klar, warum Sven für sich keine Hoffnung oder Rettung sieht.

In all den Jahren hatte er vergessen mal nachzuspüren, was denn sein Inneres – seine Seele – wolle und womit sie denn glücklich wäre. Und derzeit ist sein Schuldgefühl so übermächtig, daß er sich nicht einmal vorstellen kann, daß diese Schuld vergeben und getilgt werden könnte.

Wie denn auch; er hat ja nie gelernt, sich selbst und anderen zu verzeihen. Sein Vater hat ihm dies nicht vorgelebt. Es galt nur eine Meinung und ein Recht, nämlich seines, und seine Mutter hatte sich zu fügen. Sein Vater fühlte sich nie schuldig, denn er behielt sich das Recht des Stärkeren vor. Auch lernte Sven im Elternhaus nicht, daß eine Schuld getilgt beziehungsweise vergeben werden kann.

»Und wie war es mit Carla, seiner Ehefrau, hat sie ihm auch nie vergeben?«, fragt Andrea die alte Seele aus dem Seelenrat.

Andrea beobachtete, wie Carla bei unzähligen Gelegenheiten ihrem Mann Sven seine Eskapaden und Mißerfolge von ganzem Herzen verziehen und vergeben hatte. Sie sah auch, daß das aus Liebe geschah. Doch als das Faß immer voller wurde, gelang es auch Carla nicht mehr, zu verzeihen und zu vergeben; die Verletzungen waren zu schmerzhaft.

Andrea fragte konkret nach: »Gehe ich jetzt richtig in der Annahme, daß Carla einer der guten Boten in Svens Leben war und durch ihr Abwenden zum ›schlechten Boten‹ avancierte?«

»Ja, das geschieht öfter, als du denkst! Dadurch sitzt er jetzt in dem Dilemma, das es nichts gibt, was ihm seine Schuld vergeben könnte. Die Belastung an Körper und Psyche wird immer drückender. Carla hat ihm früher oft vergeben, doch er hat seine Chancen nicht genutzt, er hat sich nicht geändert; im Gegenteil. Er war nicht bereit wirkliche Verantwortung für sich selbst und seine Familie zu übernehmen. Jetzt bräuchte er dringend seine Carla von früher, die ihm immer wieder alles vergab. Doch sie hat sich abgewendet. Hängen bleibt in seinem Gedächtnis, daß ihm keiner verzeiht und er sich entsetzlich schuldig fühlt.«

»Wird Sven es schaffen, wieder zu einem normalen Leben zurückzukehren, oder geht es ihm so wie in dem Beispiel des Kapitels »Die ›schlechten‹ Boten«. Wie wird er denn seine Schuld los, wenn er sie sich nicht vergeben kann und von anderen keine Vergebung annehmen kann?«

Nach einer kurzen Besprechung mit dem gesamten Seelenrat wird beschlossen, Andrea einen Blick in die Zukunft zu gewähren.

Wieder wird es still um sie, und Andrea sieht gebannt auf die Leinwand.

Sven gerät zusehends immer tiefer in die Krise. Vor der Arbeit Alkohol, während der Arbeit Alkohol und nach der Arbeit der Gang in die Kneipe, Alkohol bis spät in die Nacht. Immer öfter schafft er es nicht, morgens hochzukommen, und eines Tages wird er fristlos entlassen.

Das Geld wird knapp, doch es bietet sich ihm eine Chance – wie er meint. Einige seiner Kneipenbrüder beschließen, in einer Firma den Tresor zu knacken. Sie wissen, daß an bestimmten Tagen reichlich Bargeld vorhanden ist.

Es dauert nicht allzulange, und Sven läßt sich dazu überreden; aber nur, wenn es auch wirklich sicher sei, betont er. Das merkwürdige Gefühl, das ihn beschleicht, spült er mit einigen Bier und Korn hinunter. Wird schon alles gutgehen, denkt er. Doch es kommt anders.

Es gibt Komplikationen, der Wachmann stellt sie und wird von einem Komplizen Svens erschossen. Der stumme Alarm war bereits ausgelöst, und die Täter werden gefaßt.

In der Vernehmung wird er von seinen Komplizen als Anführer bezeichnet, was vom Gericht geglaubt wird, denn er ist der Intelligenteste von allen. Das Gericht verurteilt ihn zu einer Höchststrafe: Raub- und Tötungsdelikt: Beihilfe zum Mord: zehn Jahre.

Andrea versteht und sagt: »Jetzt büßt er für seine Schuld, auch für die, die ihm vorher keiner vergeben konnte. Und wenn er entlassen wird, ist er frei von Schuld. Wird er ein neues Leben beginnen?«

»Ja, aber nur, wenn er dies alles erkennt. Du hast insofern recht: Ein Schuldspruch, ob zu Recht oder Unrecht, kann nur geschehen, wenn das betreffende Menschenkind sich schuldig fühlt und nicht in der Lage ist, sich zu vergeben. Demzufolge ist jeder Mensch aufgerufen, sich selbst und anderen zu vergeben und zu verzeihen, damit er andere nicht verurteilt noch durch andere Menschen verurteilt werden kann. Je besser ein menschliches Wesen verzeihen kann, desto weniger Schuldgefühle trägt es in sich. Es verteilt kaum noch Schuldzuweisungen, weder an sich selbst, noch an andere, sondern handelt eigenverantwortlich. Da es verantwortungsvoll handelt gerät es selten in Verwicklungen oder auf Irrwege, und ist so gut wie mit nichts belastet. Da es sich selbst nicht schuldig fühlt und sich daher nicht mit Komplikationen abgeben muß, kann es durch die freientfaltene Energie alle Ziele im Leben bewußt und erfolgreich ansteuern. Die meisten Wünsche erfüllen sich dann, denn sie sind nicht durch Negativemotionen wie Schuld, Wut, Versagensängste, Schuldzuweisungen und auch Neid blockiert.«

»Oh, das ist ein guter Gedankenansatz«, sagt Andrea gedehnt. »Leihja, ich denke da gerade an Lena, meine Bekannte und versuche es zu verstehen. Meines Erachtens und so wie ich sie kenne ist Lena eine sehr klare Person, die ihre Ziele genau kennt. Sie wußte schon immer was sie wollte, sie plante, handelte und erreichte ihre Ziele auch. Mutter sagte öfter, als ich kurz vor dem Abitur stand: Nimm dir ein Beispiel an Lena, sie hat es geschafft, sie hat Karriere gemacht und jetzt ist sie auch noch glücklich verheiratet. Ja, und ich konnte den Erfolg sehen. Alles was Lena begann, ging glatt. Erfolg ohne Ende und immer stand sie im Mittelpunkt, obwohl sie nichts Besonderes tat. Sie war freundlich, charmant, höflich und auch hilfsbereit. Auf ihr gegebenes Wort konnte man sich verlassen, denn wenn sie etwas zusagte, dann hielt sie es auch. Allerdings blieb sie bei einen Nein genauso konsequent. Wenn Menschen in Bedrängnis gerieten, sie um Hilfe gebeten wurde, sie fragte nicht lange, sie half. Sie wurde von den Menschen geachtet, geschätzt und respektiert.

Doch irgendwann fingen die Leute an größere Distanz zu Lena zu wahren, weil sie sich nicht im klaren waren, ob Lena nicht doch hellsehen könne; vielleicht sogar ihre geheimsten

Gedanken lesen oder schlimmer noch, ihr geheimes Treiben sehen könne.

Wenn ich die Geschichte von Sven und Tanja mit den Verwicklungen, den Schuldgefühlen und dem ganzen Chaos überdenke, verstehe ich nicht, warum Lena, die wirklich viel Gutes tut, sich dennoch bravourös in ein finanzielles Dilemma verstrickt hat. Nicht nur das, sondern auch in alle möglichen anderen Verstrickungen. Ich finde, daß das nicht gerecht ist und der Kosmos ihr dabei die Hilfe verweigert hat. Sie ist eine ›spirituelle Größe‹, im Vergleich dazu bin ich ein unbeschriebenes Blatt, das weiß ich genau. Eigentlich müßte sie solche Aufgaben haben, wie ich sie in meinen Träumen sah und die ihr mir erlaubtet, in der Vision zu sehen. Bitte zeigt mir anhand ihres Lebens die Zusammenhänge, und laßt mich erkennen und begreifen, was ich wissen muß«, fordert Andrea entschlossen.

Augenblicklich sieht sich Andrea von dem gesamten Seelenrat umgeben. Prüfend wird sie von ihnen angesehen. Sie spürt einen unendlich schnellen telepathischen Gedankenaustausch.

Völlig verunsichert, ist sie nicht in der Lage, auch nur einen einzigen ihrer Gedankengänge aufzunehmen, und ist erleichtert, als endlich das Wort an sie gerichtet wird.

Leihja, die alte weise Seele, spricht: »Liebe Andrea, entschuldige unser Zögern. Als Menschenkind wird es dir schwerfallen, das alles zu verstehen. Trotzdem werden wir versuchen, dir das Wissen zu vermitteln, damit du es später zum Allgemeinwohle nutzen kannst. Du hast uns mit dieser Bitte vor eine schwere Aufgabe gestellt, doch wir glauben, die Zeit ist reif, und du wirst eine würdige Vertreterin sein. Ja, es könnte sehr nützlich für deine Aufgaben sein«, flüstert Leihja nun leise.

Wieder wird es still um sie . . .

III. Kapitel

Lena-Marie

Aufmerksam blickt Andrea in die Seelenhalle und sieht, wie sich eine völlig weiße, große Seele in durchscheinender Gestalt mit dem Seelenrat trifft. Lange wird beraten, und immer und immer wieder wird nachgefragt, ob sie wirklich auf die Erde wolle. Sie wäre nicht dazu ausersehen, jemals ein irdisches Leben leben zu müssen. Sie müßte es wirklich nicht, doch wenn, dann hätte sie eine Aufgabe zu erfüllen.

Die Seele erklärt sich bereit, diese Aufgabe anzunehmen und auch auszuführen, doch sogleich stellt sich das nächste Problem. Wie soll sie diese Aufgabe bewältigen, wenn sie nicht in der Lage ist, Emotionen wie Trauer, Schmerz, Tränen, Wut, Haß und anderes Leid zu empfinden. Sie kennt doch nur Freude, Harmonie, Liebe und Einheit.

Viele mögliche Leben und Elternhäuser werden so lange überprüft, bis man glaubt, das Passende gefunden zu haben. In diesem Elternhaus wird es ihr sicher gelingen, alle menschlichen Emotionen kennenzulernen.

Die Seele ist begeistert, dankt dem Seelenrat und freut sich auf ihr Menschsein.

Langsam schwebt sie in Richtung Ruhehalle und wartet auf den Wiedereintritt. Sie hat Zeit, sich einen Namen zu geben. Lena-Marie will sie heißen, beschließt sie.

Andrea sieht fasziniert der Geburt zu, und wird gleich darauf stutzig. Was soll das denn, Lena-Marie scheint sich ja nicht entscheiden zu können, ob sie leben oder gleich wieder gehen soll. Ob da etwas schiefgelaufen ist, fragt sie sich besorgt.

Und richtig, irgend etwas war in diesem Film anders. »Halt«, bittet sie, »können wir zurückdrehen? Bis . . . ja, bis in die Ruhehalle.« Jetzt fällt es ihr auf, und sie fragt: »Warum war Lena-Marie nicht im Schlaf des Vergessens wie alle anderen Seelen? Sie war die einzige, die wach blieb.«

Leihja ergreift das Wort: »Fünf Prozent der menschlichen Wesen auf eurer Erde stammen derzeit aus einer sehr lichten, hohen Sphäre. Sie werden von euch manches Mal als die aus der Erzengelzone kommenden bezeichnet. Diese geistigen und jetzt menschlichen Wesen waren zuvor noch niemals inkarniert und kennen das Menschsein nicht. Aus diesem Grund sind sie nicht in karmische Bindungen und Verwirrungen verstrickt. Sie können klare Entscheidungen treffen und vermehren das Gute auf eurer Welt. Lena-Marie gehört zu den menschlichen Wesen, die maßgeblich durch das gesprochene Wort an dem Wandel der Zukunft beteiligt sind.

Gleichzeitig sind es Wesen, die spirituell sehr weit entwickelt sind – wie ihr das nennt. Sie haben freien Zugang zu allen Dimensionen, Parallelwelten. Raum und Zeit sind für sie nicht existent. Außerdem können sie uns Energiewesen sehen und mit uns kommunizieren. Sie besitzen Gaben, wie Heilen, Hellsehen, Hellfühlen, Telekinese und Telepathie, haben Zugang zur Akasha-Chronik und verfügen über Fähigkeiten, die sich ein normaler Mensch nur schwer vorstellen kann. Oftmals haben sie Angst vor ihren eigenen Fähigkeiten und halten diese sehr zurück. Versteh es nicht falsch, Andrea«, sagt Leihja, als sie den ungläubigen Gesichtsausdruck bemerkt, »nicht alle Fähigkeiten müssen bei einer Person entwickelt sein, das wäre des Guten zuviel, das würden auch diese Wesen nicht verkraften. Bedenke, sie sind in menschlichen Körpern gefangen.

Diese Seelen werden ohne den Schlaf des Vergessens auf die Erde gesandt, wie dir ganz richtig aufgefallen ist. Doch dadurch ist ihnen von der ersten Minute ihres irdischen Bewußtseins an klar, daß sie nur auf sich allein gestellt sind. Dies war ersichtlich in dem Zögern zwischen Leben und Tod. Es war die letzte Möglichkeit, ihre freiwillige Entscheidung rückgängig zu machen.«

Erstaunt fragt Andrea: »Du willst damit sagen, daß sie ab diesem Zeitpunkt keine Möglichkeit mehr haben, auszusteigen, auch nicht, wenn sie ihr Leben selbst beenden würden.«

»Genau so verhält es sich. Eine Seele aus dieser Region muß ihre gewählte Aufgabe erfüllen beziehungsweise ihren Weg zu Ende gehen. Es gibt keine Chance für einen Selbstmord. Wir senden in solch einem Falle Boten, die dies zu verhindern wissen«, seufzt Leihja und fügt leise hinzu: »Ja, Mensch-sein ist schwer, auch oder besonders für diese Engelwesen.«

Andrea verspürt eine leichte Gänsehaut. Lebhaft erinnert sie sich an folgende Szene: Lena und sie sind nachts mit dem Auto auf einer menschenleeren, kurvenreichen Landstraße unterwegs. Plötzlich schlingert der Wagen und stürzt die Böschung hinab. Sie überschlagen sich, krabbeln heil, doch etwas benommen, aus dem Auto heraus. Sie sind in Sicherheit, als der Wagen explodiert. Ihnen war nichts geschehen. Die Ermittlungen ergaben, daß die Bremsleitung defekt war.

Im nachhinein fällt ihr auf, wie ruhig und gelassen Lena blieb, während sie am ganzen Leibe zitterte.

»Es ist richtig, was du vermutest, Andrea. Diese menschlichen Wesen bleiben in der größten Gefahr absolut ruhig und souverän, denn sie bergen das innere Wissen in sich, wann ihre Zeit abläuft. Nun laß uns weiterschauen.«

Innerlich noch aufgewühlt sieht sie wieder auf die Leinwand. Lena-Maries erste Gehversuche, die klammernde Liebe der Eltern, das Heranwachsen in den ersten Jahren.

Lena lernt was Tränen, Schmerz und Leid bedeuten. Sie übernahm die Emotionen und Reaktionen ihrer Umwelt. Und doch unterschied sie sich in vielerlei Hinsicht von den Gleichaltrigen. Ihre Welt war reichhaltiger, größer, umfassender, mehr als nur dreidimensional. Und wenn sie allein war, so öffnete sie die Tür und verschwand in einer anderen Dimension. Sie sah die Zukunft und die Vergangenheit, doch sie lernte, daß es besser war, nicht darüber zu reden, denn sie erntete nur Spott, Hohn, Unverständnis und letztendlich Schläge. Mit der Zeit vergaß sie immer mehr von diesen anderen Seinszuständen. So wuchs sie heran, mehr oder minder normal wie andere Kinder auch, bis zu jenem denkwürdigen Tag:

Mit traurigem Blick hält die Mutter Lena am Arm fest und sagt: »Kind, du kannst heute nicht in die Schule gehen, dein Vater wird sterben. Wir beide, du und ich, begleiten ihn auf seiner letzten Reise.«

Abwägend sieht die kleine Lena in das eingefallene, fahle Gesicht ihres Vaters, das sich kaum von der Farbe des Kopfkissens unterscheidet. Instinktiv weiß sie, daß Mutter recht hat. Still setzt sie sich zu ihm. Sie nimmt seine Hand und hält sie einfach nur fest. Unendlich langsam tickt der Zeiger der Uhr. So vergeht Stunde um Stunde. Es bleibt nichts zu tun, außer warten.

Plötzlich beginnt ihr Vater zu sprechen, flüsternd, fast röchelnd, doch für Lena verständlich. Seine rechte Hand bewegt sich, und er deutet damit auf das Fenster. Er stammelt: »Schau, schau aus dem Fenster . . . der Himmel ist offen . . . schau . . . das Licht . . . das Licht. Hell . . . warm . . . wenn ich da bin, habe ich keine Schmerzen mehr . . . brauche nicht zu leiden . . . es geht mir gut . . . du brauchst nicht . . . zu trauern . . . keine Tränen . . . nicht zu weinen . . . freu dich . . . mit mir . . . komm mit . . . begleite mich . . . heim . . . ins Licht . . .«

Lena hält die Hand ihres Vaters fest umschlungen und blickt direkt ins Licht.

»Ja, ich komme mit, Papa«, flüstert sie.

Wie selbstverständlich sieht sie, wie die Seele aus dem Körper entweicht und die Gesichtszüge ihres Vaters sich entspannen. Auch sieht sie sich als Energiewesen gemeinsam mit ihrem Vater ins Licht schweben.

Es ist unbeschreiblich. Hell, warm und beglückend, bis sie zu einer Art Barriere gelangen. Dort wird ihr Vater von zwei engelgleichen Wesen in Empfang genommen, und sie muß zurück.

Tief erfüllt mit Liebe, Frieden und Harmonie sieht sie in die rotgeweinten Augen ihrer Mutter. Vorsichtig versucht sie der Mutter das Erlebnis zu schildern, daß es ihrem Vater nun sehr gut gehe, er keine Schmerzen mehr habe und daß der Tod Grund zur Freude sei, weil die Seele nach Hause zurückkehre.

Zu tief ist der entsetzliche Verlust für ihre Mutter und zu tief die Leere, die sie empfindet, als daß sie wirklich bereit wäre, den Worten ihrer Tochter Gehör zu schenken.

Mit toten Augen und voller Unverständnis

schüttelt sie nur den Kopf. Sie sieht Lena an, als sei sie ein Wesen von einem anderen Stern. Manchmal begreift sie dieses Kind einfach nicht. Sie überläßt sich weiter ihrem Schmerz.

Sanft und liebevoll streicht Lena zum letzten Mal über das Gesicht ihres toten Vaters und registriert die friedvollen Gesichtszüge. Leise geht sie aus dem Raum.

Unzählige Trauergäste sind am offenen Grab versammelt. Reden werden gehalten, Tränen vergossen und Taschentücher vollgeschneuzt. Mit staunenden Augen sieht Lena dem Spektakel zu. Sie kann nicht verstehen, warum Menschen weinen, wenn jemand nach Hause geht. Es ist doch schön, nach Hause gehen zu können, denkt sie. Und weshalb weinen so viele, auch die Menschen, von denen sie weiß, daß sie Vater doch gar nicht mochten? Vieles ist ihr unverständlich. Und genau wie ihr vieles unverständlich ist, so ist den Trauergästen auch unverständlich, daß Lena nicht um ihren Vater weint. Die Anwesenden wußten, wie sehr Lena und ihr Vater sich mochten. Viele von ihnen denken, die Kleine habe wohl einen Schock und deshalb keine Tränen. Doch als sie nach dem Leichenschmaus zum Ballspielen will, übersteigt es das Fassungsvermögen der Erwachsenen.

»Leihja, auch ich verstehe nicht, weshalb Lena keine Trauer, keine Tränen und keinen Schmerz empfindet, wenn ihr geliebter Vater – und das kann ich nun wirklich sehen, daß auch sie ihn vergöttert hat – nicht mehr da war?«

»Ja, es ist für euch Erdenmenschen schwer zu verstehen. Stelle dir das bitte so vor. Am Beginn der Zeit gab es nur das Sein. Dieses Sein – euer ICH BIN – ist reine Energie ohne Polarität. Das bedeutet, es gab weder Liebe noch Haß, Gut noch Böse, weder kalt noch heiß, weder dunkel noch hell und all die anderen Polaritätseigenschaften. Und dann erfolgte das, was ihr Menschen wissenschaftlich als Urknall bezeichnet. Das Universum und die Planeten wurden geboren. Die Energie teilte sich, und verschiedene Teilchen – Seelen – beschlossen, das Universum und die Planeten zu erkunden. Die Seelen, die sich auf erdähnlichen Planeten niederließen, begaben sich dadurch in die Polarität. Sie lernten im Laufe der Jahrtausende darin zu leben. So begriffen sie auch, was Schmerz, Trauer, Leid, Freude, Hoffnung und Liebe bedeutet. Durch das Erleben dieser Realitäten schufen sie in sich Töpfe dafür. Und bei jedem neuen Erdenleben füllten oder leerten sie diese Töpfe. So entstand im Laufe der Geschichte der Menschheit unendliches Leid, aber auch viel

Glücksgefühl. Ihr Menschen nennt dies Karma mitbringen. Doch im Grunde genommen ist es nicht Karma oder Schicksal, was euch für das Glück oder das Unglück prädestiniert, sondern nur eure vorhandenen Töpfe aus dem Zeitenverlauf.

Geistige Wesen, die andere Entwicklungen auf anderen Planeten ohne Polaritäten gewählt haben, sind frei von jeglichen Emotionen und Karma. Sie können frei wählen, was sie erleben und erlernen möchten.«

»Es fällt mir schwer zu begreifen, denn wenn ich dich richtig verstehe, bedeutet es, daß wir Menschen selbst an allem menschlichen Leid schuld sind, das uns widerfährt. Die Schlußfolgerung wäre, wir müßten uns alle darum bemühen, frei von allen negativen Emotionen zu werden, damit wir nicht weitere Töpfe füllen und so das Leid in unserer Welt vergrößern. Das bedeutet auch, wir haben alles selbst verursacht und richten uns und unsere Welt damit doch unbewußt zu Grunde. Haben wir denn überhaupt eine Chance, dem Ganzen noch entgegenzusteuern? Und schaffen wir das auch?«

Mit einem feinem Lächeln sieht Leihja Andrea an. »Selbstverständlich schafft ihr das«, sagt sie bestimmt. »Denke an Lena, sieh nur . . . in den ersten Lebensjahren lernte sie die irdischen Emotionen wie Wut, Tränen und Schmerzen kennen, erinnerst du dich?«

»Ja.«

»Durch den Tod ihres Vaters und das bewußte hineingehen ins Licht wurde ihr unbewußt klar, wer sie wirklich war, und was sie auf eurer Erde zu tun hatte. Bewußt war ihr nur, daß der Tod nicht Sterben, sondern Leben bedeutet. Sie begriff, daß sie mehr wußte als andere und ihre Welt anders war. Deshalb konnte sie auch nicht weinen, trauern oder Schmerz und Verlust empfinden, denn diese Töpfe gab es nicht in ihrem wahren Selbst.«

»Und wie kommt sie mit dem »alten Wissen« in ihrer normalen Welt zurecht?«

»Sieh selbst, Andrea.«

Weiter lief der Film, und sie sieht, wie Lena sich teilweise abmüht ein normales Leben zu führen. Ja, ab und zu war es recht lustig, ganz ohne Ängste, offen, frei und klar durchs Leben zu gehen. Schmerzen schien sie nicht zu verspüren, nicht mal, wenn sie geschlagen wurde oder sich die Knochen brach. Liebeskummer kannte sie nicht, denn sie wollte niemanden besitzen. Jedoch schien es Andrea, als ob Lena ständig vom Leben gelangweilt sei und sich deshalb fortlaufend um Herausforderungen bemühte, sei es im Wettkampf, in der Liebe oder im Beruf.

In allem hatte sie Erfolg, alles ging gut, alles glückte. Sie fragte nicht nach der Meinung anderer Menschen. Sie tat nur das, was sie wollte. Sie zeigte Gerechtigkeitssinn, trat für Schwächere ein, doch sie ließ sich auf Dauer in nichts einbinden. Männer nahm sie, wenn sie Lust dazu hatte. Sie mochte sie, doch sie wollte sie nicht besitzen. Sie kannte keine Eifersucht, doch sie hatte Spaß an der Liebe.

»Das, was ich hier sehe, ist das Bild einer ziemlich harten, emanzipierten Frau. Das soll dieselbe Person sein, die ich als Lena kenne? Ich kann es kaum glauben!«

»Ja und nein, meine liebe Andrea. Es gibt noch eine andere Seite von Lena, die dir besser vertraut sein dürfte. Benenne es, wie du es am besten verstehst; als Schattenseite oder ihr unbewußtes Ich oder eine andere immaterielle Wirklichkeit. Als Ausgleich zu ihrem Tages-Ich wurde sie, genau wie du, nachts in ihren Traumreisen geschult.«

»Leihja, ist oder war das Lena, die des öfteren nachts an meiner Seite war und mir half, wenn ich in den Schulungen etwas nicht verstand?«

Wie Schuppen fällt es Andrea von den Augen, und Zusammenhänge werden ihr jetzt klar. Eine Zeitlang entwickelte sich Lena gemäß ihrer Aufgabe. Doch je mehr sie zur Außenseiterin wurde und je weniger sie von den anderen Menschen verstanden wurde, desto intensiver wurde ihr Seelenwunsch, menschliche Empfindungen zu erleben und zu begreifen.

»Ich denke, ihr Wunsch wurde ihr erfüllt, doch wie ist sie dorthin gekommen, wo sie jetzt steht? Das ist mir unbegreiflich.«

Chancen und Schicksalsbegegnungen

Mit Nachdruck wiederholt Andrea ihre Frage: »Wie ist Lena in diese ganzen Verstrikkungen geraten? Ich kenne sie jetzt seit vielen Jahren. Am Anfang kann ich ansatzweise diese Lena aus dem bis jetzt gezeigten Film noch erkennen, aber das, was in den letzten Jahren lief, hat nichts im entferntesten mit der Lena von damals zu tun. Also bitte, Leihja, was ist in diesem Leben vorgefallen, das eine solch gravierende Veränderung verursacht hat?«

»Meine liebe Andrea, manchmal bist auch du etwas begriffsstutzig«, schmunzelt Leihja.

»Was ist nun wirklich geschehen, ich will es endlich wissen.«

»Was wird wohl schon geschehen sein, erinnere dich an das Kapitel über die ›schlechten‹ Boten. Wir haben ihnen erlaubt, einzugreifen, damit Lena die Möglichkeit hat, alle menschlichen Emotionen mit allen Höhen und Tiefen kennenzulernen. Denn das war doch ihr innigster Wunsch.«

»Leihja, wie kann es der innigste Wunsch eines Menschen sein, Emotionen über Leid zu lernen. Das ist doch paradox! Das leuchtet mir nicht ein. Das wäre doch gemein und fies von euch, wenn ihr Menschen ›schlechte‹ Boten sendet, nur damit sie lernen, ihre Aufgaben zu erfüllen. Warum sendet ihr nicht ›gute‹ Boten?« hält sie Leihja vorwurfsvoll entgegen. »Also spielt ihr doch Schicksal? Sind wir alle eurer Willkür ausgesetzt? Gehen Leid und Katastrophen auf euer Konto? Verstehe ich das richtig? Ist das ganze Leben vorbestimmt?«

»Halt, Andrea, du bist völlig im Irrtum«, unterbricht Leihja den wütend sprudelnden Redefluß. »Begreife doch, bevor wir ›schlechten‹ Boten die Freigabe zum Eingreifen erteilen, haben wir x-mal vergebens versucht, dem betreffenden Menschen ›gute‹ Boten zu senden. Doch oftmals nehmen Menschen diese Hilfe nicht an.« Und traurig fügt Leihja hinzu: »In Ausnahmefällen nehmen sie unsere ›guten‹ Boten an, ansonsten werden sie mißachtet und mit Füßen getreten. Die Menschen sind so sehr von ihrem Wissen und Können überzeugt, daß sie denken, sie benötigen niemanden mehr – außer sich selbst. In den seltensten Fällen machen sie sich Gedanken über ihre vielen Glücksfälle, auch nicht, woher ihre guten Schicksalbegegnungen herkommen. Sie denken, daß es immer so weitergeht. Aber wie du weißt, füllen sie heimlich ihre Töpfe mit ihren Wünschen. Und Lena füllte den Topf, um Emotionen zu erleben, und zwar in allen Facetten.«

»Leihja, nun spann mich bitte nicht länger auf die Folter, ich kenne noch andere Menschen, die vergleichbar mit Lena sind, bei denen ab einem bestimmten Zeitpunkt plötzlich alles schiefläuft. Was haben diese Menschen gemeinsam? Was verursacht diese Veränderung zum Negativen?«

Gedankenschwer stützt Andrea ihren Kopf in beide Hände und bemüht sich krampfhaft, Ordnung in das kreiselnde Karussell zu bringen. Sie will es verstehen, doch es scheint so verwirrend zu sein. Eigentlich würde sie jetzt lieber etwas anderes tun. Aber was? Auch das weiß sie nicht. Deshalb sieht sie fragend und mißmutig auf Leihja, die sie dieser Tortur aussetzt.

»Hatte sie wirklich ›gute‹ Boten, die sie nicht beachtet hat?« mault sie.

Wieder wird es still um sie . . . und die Leinwand beginnt zu surren.

Völlig überrascht sieht Andrea in ein schönes, gepflegtes Zimmer in edlem Ambiente. Lena sitzt am Tisch und legt einer scheinbar sehr verzweifelten Dame die Karten. Leise und geduldig erklärt Lena die Zusammenhänge und die Zukunft. Immer wieder hört Andrea, wie gesagt wird: »Machen Sie sich keine Gedanken um Ihren Mann. Wenn er in diese Klinik geht, wird er wieder gesund. Sie beide haben noch eine Zukunft vor sich. Er wird gesund, doch es dauert etwa noch ein halbes Jahr. Bitte vergessen Sie Ihre Sorgen, damit ruinieren Sie sich selbst. Ihr Mann braucht Sie. Bitte versprechen Sie mir, daß Sie jetzt nicht aufgeben werden. Es wird alles gut.« Nach geraumer Zeit beruhigte sich die Dame, glaubte an die von Lena gemachten Aussagen und ging voller Hoffnung nach Hause.

Und so kamen viele Menschen, und alle gingen gestärkt und wie ausgewechselt in ihr Leben zurück.

Doch Lena wurde es zuviel, sie hatte keinen Spaß mehr daran, und so gab sie die Tätigkeit auf. Denn um allen Ratsuchenden Menschen gerecht zu werden, hätte sie mehr Zeit benötigt. Dazu hätte sie ihren Job aufgeben müssen, was sie jedoch nicht wollte. Sie wollte nicht so in die Öffentlichkeit.

»Andrea, kannst du nachvollziehen, daß dies ›gute‹ Boten waren, die Lena einen Weg für ihre Lernaufgaben boten?«

»Ja, das begreife ich, denn die Fähigkeiten hatte sie, und Emotionen hätte sie über das Mitfühlen von Leid erlernt.«

»Nun, sieh weiter . . .«

Lena nimmt frohgemut die Post aus dem Briefkasten. Oh, Post von der Uni. Mit fliegenden Fingern reißt sie den Umschlag auf und nestelt das Schreiben heraus. Blah, blah, blah, ja hier steht es. Ja, es hat geklappt, nächstes Semester ab Februar ist sie zugelassen, drin. Toll, super, mein Jura-Studium. Riesengroß die Freude . . .

Sie will ihren Job kündigen, doch die Firma bietet ihr einen leitenden Posten mit einem traumhaften Gehalt an. Lena verzichtet auf das Studium und bleibt.

»Du brauchst gar nichts zu sagen, Leihja, vermutlich hätte sie durch das Jura-Studium eine politische oder andere tragende Rolle zu erfüllen gehabt, und ihre Fähigkeiten wären voll zum Einsatz gekommen. Und Emotionen hätte sie zur Genüge mitbekommen. Alles in allem würde ich sagen, dies war eine gute Schicksalsfügung.«

Anerkennung heischend sieht sie auf Leihja, die nur mit dem Kopf nickt und sagt: »Sieh weiter . . .«

Wieder wird es Lena langweilig, der Job füllt sie nicht aus, die Ehe plätschert vor sich hin, Geld ist genug vorhanden. Und außerdem ist irgend etwas in ihr, das etwas anderes will. Eine unstillbare Sehnsucht nach Leben, nach wirklichem Leben, wie sie es nennt. Machmal fühlt sie sich wie tot. Und deshalb beschließt sie wieder einmal ihren Beruf zu wechseln. Jetzt will sie Heilpraktikerin werden. Gesagt, getan. Sie meldet sich an, und prompt erfolgt eine Zusage bei der renom miertesten Schule in ganz Deutschland. Ihre Nachfrage ergibt, daß gerade jemand abgesagt hat.

Aber so schnell, nein, das geht nicht, zögert sie. Und wozu auch eine Ausbildung zur Heilpraktikerin? Letztendlich wählt sie wieder den bequemen Weg und beschließt, zu bleiben, wo sie ist.

»Ja, ich verstehe, ›gute‹ Boten und Schicksalsfügungen; vermutlich wäre auch dieser Weg ihrem Ziel dienlich gewesen, richtig, Leihja? Hat denn jeder so viele ›gute‹ Boten und gute Zufälle?«

»Ja, viele, unendlich viele, doch sieh weiter, jetzt wird es langsam schwierig.«

Lustlos kritzelt Lena auf ein Blatt Papier. So gerne möchte sie einem Freund ein paar nette liebe Zeilen zum Geburtstag schreiben, doch ihr fällt nichts ein. Nein, schreiben kann sie nicht, das ist wohl keine ihrer Stärken. Mißmutig schiebt sie das Blatt vom Tisch, und der Stift rollt hinterher. Na, dann eben nicht, beschließt sie.

Eines Nachts, durch ein ungewöhnliches Geräusch aus dem Schlaf und Traum gerissen, ertappt sie sich, wie sie einige Sätze wiederholt: »Das Glück ist wie ein Schmetterling . . . « Eilig springt sie auf, rennt in die Küche, sucht Papier und Stift und schreibt das Ganze auf. Es funktioniert, es ist wunderschön und hervorragend geeignet. Befriedigt lauscht sie in die stille, dunkle Nacht, geht wieder zu Bett und schläft tief und fest weiter.

Es wiederholt sich Nacht für Nacht, und nach einiger Zeit wacht sie jeden morgen um vier Uhr auf, um zu schreiben. Innerhalb nur zwei Monaten sammeln sich viele Verse und Erzählungen. Jemand rät ihr, sie doch zu veröffentlichen.

Sie versucht es. Die Chancen stehen nicht schlecht, doch so schnell klappt es nicht mit einer Zusage. Monate später kommt ein preisgekrönter Band von einem der Verlage, die sie angeschrieben hat. Achtlos und nicht einmal hineinsehend, legt sie ihn beiseite. Sie fühlt sich pikiert, weil es nicht ihr Buch ist. Aber im Grunde genommen findet sie das Ganze schon wieder langweilig. Sie hat die Lust daran verloren. Was hat sie denn schon zu sagen, denkt sie bei sich. Thema erledigt!

»Leihja, das verstehe ich nicht, wo hätte sie ihren Weg hier ändern können, wo sind hier die ›guten‹ Boten oder glücklichen Zufälle, das hat doch alles nicht geklappt.«

»Leider«, sagt Leihja, »denn Lena war nicht bereit und durch nichts zu bewegen, überhaupt in diesen Band hineinzusehen. Laß uns beide es tun.« Sie nahmen es, blätterten es auf und lasen: Erster und zweiter Platz: Lena Morawa – ihr Pseudonym!

»Meinst du, sie hätte etwas daraus gemacht beziehungsweise ihren Weg geändert?«

Zweifelnd schüttelt Andrea den Kopf. »Ich glaube nicht«, meint sie leise.

»Und nochmals wurde ihr eine Chance eingeräumt. Eine, wie ich meine, sehr reelle und sehr gute, in der sie alles hätte lernen können, was sie sich jemals gewünscht hatte und ihrem weiterem Weg dienlich gewesen wäre. Sieh genau hin, Andrea, es wird von mal zu mal schwieriger und komplizierter. Achte besonders auf ihre Reaktionen.«

Der kalte Hauch

Und wieder wird es still um Andrea. Das vertraute Surren versetzt sie in eine andere Dimension, in der sie nur Betrachterin ist.

»Zum Wohle Herr Walther!«

»Zum Wohle Frau Mertens! Auf den gelungenen Abschluß!«

Gegenseitig prosten sich beide zu und sind glücklich darüber, daß Lena Mertens den Abschluß mit diesem Konzern geschafft hat. Es ging immerhin um 3,8 Millionen Mark.

Was für eine Frau, sinnt Herr Walther vor sich hin. So einen Erfolg hätte er ihr gar nicht zugetraut. Er hatte noch mit weiteren zähen Verhandlungen gerechnet. Begeistert strahlt er sie an. Zum ersten Mal nimmt er wahr, wie schön sie ist, wenn auch nicht im herkömmlichen Sinne. Wie alt mag sie wohl sein? Wohl so um die Dreißig, aber sie war schwer einzuschätzen. Was weiß er eigentlich von ihr? Nichts, obwohl sie für ihn arbeitet. Sehr ungewöhnlich, wie auch der unerwartete Abschluß heute. Ob das mit ihr so weitergeht?

»Was ist mit Ihnen, Sie sind plötzlich so ernst«, reißt sie ihn aus seinen Gedanken.

Wie aus weiter Ferne sieht ihr Gesprächspartner sie an, reibt sich mit der Hand über die Augen und spricht mit leise, zärtlich klingender Stimme. »Ach, nichts, ich habe nur geträumt.«

»Das kann ich verstehen«, lacht sie hell auf. »Wissen Sie, auch mir kommt es vor wie ein Traum. Stoßen wir auf unseren Traum-Erfolg an.«

Walther hebt diskret die Hand, »Herr Ober, noch eine Flasche Champagner, bitte!«

Frau Mertens lehnt sich entspannt in ihren Chippendalestuhl und genießt den Luxus und die angenehme Atmosphäre: der dunkelrot gemusterte Teppich, die geschmack- und stilvolle Einrichtung des noblen Hilton-Hotels, die beflissenen Ober und die eleganten Gäste aus allen Ländern. All dies trägt dazu bei, ihr ein starkes Selbstbewußtsein zu geben. Hängt mein Selbstbewußtsein nur von beruflichen Erfolgen ab? fragt sie sich bestürzt. Vielleicht war das nur ein Glückstreffer? Sie denkt bewußt an morgen, an die Heimreise in ihre »kalte Stadt«, wie sie ihr Zuhause nennt, an ihr seltsames Leben ohne echte Liebe und tiefe Gefühle.

Prickelnd, fast schon verheißungsvoll schimmert der Champagner in den geschliffenen Kristallgläsern, die auf dem wirkungsvoll dekorierten Tisch den warmen Ton des altrosé-farbenen Damasttischtuches widerspiegeln.

Nach mehrmaligem Anstoßen auf den Erfolg wird ihr ganz leicht zumute, und die Anspannung der letzten Tage löst sich immer mehr in Nebel auf.

Sie sagt sich: Was hat sie nur für ein Glück, für diesen Mann arbeiten zu können. Sie hat es von Anfang an gespürt, daß er an sie glaubt. Sie wußte es doch, triumphiert sie innerlich. Aber was denkt er von mir? Hält er mich nur für geschäftstüchtig, oder sieht er mich auch als Frau?

Die leise Musik, die zu ihnen herüberklingt und die dezente Atmosphäre lassen sie wunderbar entspannen. Ihre Rede klingt – trotz wild durcheinander purzelnder Gedanken – beschwingt und frei. Sogar ihre Hemmungen Herrn Walther gegenüber sind verflogen.

»Lena, oh, ich darf Sie nach diesem Erfolg doch so nennen?« Erschrocken über seine plötzliche Spontaneität versucht er die Situation zu retten und prostet ihr zu.

Wie schön er das ausspricht. Ach, wenn er mich immer so ansprechen würde, denkt sie im stillen. Geistesgegenwärtig hebt sie ihr Glas: »Aber ja, natürlich. Dann darf ich Sie doch auch Mark nennen!« Erstaunt über ihre eigenen Worte, spürt sie eine leichte Röte die Wangen hochziehen. Hoffentlich merkt er es nicht, denkt sie. Ich benehme mich wie eine dumme Gans. Neben ihm komme ich mir klein und unbedeutend vor, mal was ganz Neues, stellt sie erstaunt fest.

Mark hat nichts von alledem bemerkt. Auch er ist über sich überrascht. Das muß wohl an dem Champagner liegen, mutmaßt er. Den ganzen Tag in Hetze und Eile, kein richtiges Frühstück, geschweige denn ein ordentliches Mittagessen. Doch halt, stop, ein Sandwichs um die Ecke im Stehimbiss, schmeckte wie zähes Leder. Jetzt schon die zweite Flasche Champagner, und das am späten Nachmittag.

Aber ich habe heute auch Grund zu feiern, rechtfertigt er sich im stillen und schiebt alle mahnenden Gedanken beiseite.

In angeregtem Plauderton, in dem die Freude nicht zu überhören ist, unterhalten sich beide über die Arbeit, den Abschluß und schmieden Pläne für die kommenden Projekte. Langsam setzt die Dämmerung ein, und die Lichter der Großstadtreklame tanzen wie bunte Pailletten vor ihren Augen. Der lange, nicht enden wollende Redefluß gibt Lena Gelegenheit, ihr

Gegenüber näher in Augenschein zu nehmen. So kennt sie Mark gar nicht.

Längst hat sie sich in Gedanken mit seinem Vornamen vertraut gemacht, doch fällt es ihr schwer, ihn mit Mark anzusprechen. Lange ruht ihr Blick auf seinen Händen, zart und doch kraftvoll, wunderbar modellierte schlanke Finger. Wie er so vor ihr sitzt, lässig im dunkelblauen, dezent gemusterten Anzug. Eine stattliche Erscheinung. Sie schätzt ihn auf eine Größe von 1,88 m. Das will sie aber noch genauer wissen. Sie hat eine besondere Vorliebe für große Männer. Das feingeschnittene Gesicht, das so männlich durch die maskulinen Wangenknochen wirkt. An wen erinnert er mich nur? Die blonden, vollen Haare im eleganten Kurzhaarschnitt bilden einen hervorragenden Kontrast zu seiner von der Sonne leicht gebräunten Haut. Er ist schon eine auffallende Erscheinung. Wie ein strahlender Apoll mit sprechenden, blauen Augen, die je nach Lichteinfall die Farbe verändern, einmal geheimnisvoll schimmern, ein andermal lustig, spöttisch oder frech wirken. Selbstvergessen ruhen ihre Augen auf seinen vollen Lippen und zeichnen im Geiste die feingeschwungenen Konturen nach. Wie mag das wohl sein, wenn er mich küssen würde, fragt sie sich, und ein verträumter Ausdruck verändert ihr Gesicht.

»Wünschen die Herrschaften noch Champagner?« fragt der Ober an ihrem Tisch.

»Lena«, keine Reaktion, »Frau Mertens?«

»Ja, was ist, Mark?« Wie durch eine Nebelwand kämpft sie sich zurück, versucht einen eisigen Hauch abzustreifen, und schilt sich gleich darauf eine Närrin.

»Ja, bitte, noch einmal das gleiche, Herr Ober«, sagt Mark. »Wie sie jetzt gehört haben, habe ich noch eine Flasche bestellt«, spricht Mark Lena zum wiederholten Male an, »oder sollen wir für heute lieber Schluß machen? Nein, jetzt haben wir bestellt, wir feiern weiter«, vollendet Mark den angefangenen Satz.

Daß er heute soviel Zeit hat, wundert sie. Sie kennt ihn nur hektisch und in Eile. Es ist schon etwas Faszinierendes an ihm, irgend etwas ganz Besonderes. Doch der viele Champagner hindert sie momentan, darüber den gewünschten Aufschluß zu bekommen. Zu oft bleibt sie in seinen Augen hängen. Sieht er sie an, wendet sie schnell den Blick ab und versucht dem Gespräch zu folgen. Ach, seufzt sie innerlich, ich könnte immer so mit ihm sitzen. Wäre das nicht herrlich, denkt sie, nur seiner Stimme zu lauschen, diesem dunklen Timbre, das in ihrer Seele eine Saite erklingen läßt, seit damals ... wie lange ist es schon her, sinniert sie. Damals auf

Sarron! Ein anderer Planet, eine andere Dimension! Doch jetzt lebt sie auf der Erde und muß sehen, wie sie ohne die Fähigkeiten auskommt, daß Gedanken und Wünsche sich im Handumdrehen in Taten umsetzen. Traurigkeit und Wehmut überfällt sie. So wird es nie mehr sein, dessen ist sie sich bewußt. Dieser Mann vor ihr ist nicht Xenor, er ist Mark. Trotzdem spürt sie etwas, das Ähnlichkeit und Parallelen mit Mark aufweist und eine Verbindung schafft. Es ist eine Verbindung zu jenem Planeten Sarron. Fragmente von Bildern ziehen an ihrem inneren Auge vorüber: Blitze in grellen Farben vollenden das Spektakel.

Die Geräuschkulisse des Restaurants wird schlagartig lauter. Langsam hebt sie ihre Hand und streicht sich mit einer fahrigen Bewegung durch ihr Haar.

»Mark, ich glaube, ich habe Kopfschmerzen.«

»Dann ist es wohl das Beste, für heute Schluß zu machen. Ich muß auch noch nach Hause fahren«, dringt seine Stimme an ihr Ohr, »und Sie haben morgen noch die andere Verhandlung.«

»Mark, erwähnten Sie vorhin vielleicht das Wort Sarron?«

»Sarron«, wiederholt Mark fragend, »nein, was ist damit?«

»Ach nichts, es fiel mir nur so ein«, druckst Lena herum. Sarron, irgend etwas war mit Sarron, aber was bedeutet es und wo hab' ich das schon mal gehört? Ich glaube, ich habe zuviel getrunken, beruhigt sie sich.

»Ja, Mark, beenden wir es für heute. Wie sagt man so schön: Wenn es am schönsten ist, soll man nach Hause gehen.«

»Da haben sie völlig recht«, lacht Mark sie belustigt an. Fürsorglich umfaßt er ihren Arm. Für eine Frau recht groß, denkt er, und geleitet sie zur Rezeption, um den Zimmerschlüssel zu holen.

»Welche Zimmernummer haben Sie, Lena?«

»1513, Zimmer 1513«, wiederholt sie monoton. Mark sieht sie skeptisch von der Seite an und beschließt spontan, sie noch bis zur Zimmertür zu bringen.

Geräuschlos gleitet der Lift nach oben und hält in der fünfzehnten Etage. Mit nicht ganz sicheren Beinen setzt Lena einen Fuß vor den anderen. Plötzlich bleibt sie stehen.

»Mark, ich muß Ihnen die Geschichte von Sarron noch erzählen, ist wichtig.«

Mark stutzt und fragt mit ungläubigem Gesicht: »Welche Geschichte von Sarron? Können wir das nicht morgen besprechen? Morgen ist auch noch ein Tag«, und gähnt verstohlen hinter vorgehaltener Hand.

»Nein, ich muß Ihnen jetzt von Sarron erzählen, Sie müssen es wissen«, beharrt Lena.

Ihre Stimme klingt fremd, dunkel und melodiös mit einem Singsangakzent. Mark sieht sie verwundert an. Sachte schiebt er sie in die Richtung ihrer Zimmertür. Doch neugierig geworden, fragt er: »Was wollten Sie mir über Sarron erzählen?«

»Sarron, was ist damit?« Lena spricht in ihrem normalen Tonfall.

Innerlich schüttelt Mark den Kopf und ist froh, bald in seinem Auto zu sitzen. Der Zimmertürschlüssel dreht sich im Schloß. Mark ist Kavalier, hält ihr die Tür auf und verabschiedet sich herzlich von Lena. Danach geht er zum Lift zurück, der noch offen ist, und drückt den Knopf zur Tiefgarage. Langsam setzt sich der Aufzug in Bewegung und schwebt geräuschlos nach unten. Mark sieht die Etagennummern aufblitzen, die in Sekundenschnelle die Nummernfolge wechseln.

Die verschlossene Tür

Die ersten frühmorgendlichen Sonnenstrahlen scheinen durch die geschlossenen Fenster direkt auf Lenas Gesicht, die noch in den Traumgefilden weilt. Draußen tost verhalten der Verkehr durch die breiten Straßen.

Das Telefon läutet. Schlaftrunken tastet Lena nach dem Hörer und hebt ab.

»Guten Morgen, es ist 8.30 Uhr. Sie wollten geweckt werden«, meldet sich eine fröhliche Frauenstimme.

»Danke!« Sofort fällt der Hörer wieder auf die Gabel. Lena räkelt und streckt sich. Sie versucht – wach zu werden. Nanu, ich bin ja ausgezogen. Dann kann es gestern doch nicht so schlimm gewesen sein. Hm, war ein schöner Abend mit Mark, träumt sie vor sich hin, und ein verklärtes Lächeln verzaubert ihr Gesicht.

Ein seltsames Gefühl beschleicht sie. Einem Instinkt folgend, dreht sie ihren Kopf in Zeitlupe nach rechts. Ruckartig zieht sie ihre Bettdecke bis zum Hals. Vorsichtig, ihren Augen nicht trauend, und ohne den geringsten Laut von sich zu geben, zupft sie an der zweiten Bettdecke. Sogleich wird blondes verwuscheltes Haar sichtbar.

»Mark«, fast flüsternd; als ob sie ihren Sinnen nicht trauen würde. »Mark«, schreit sie dann auf, »Mark«, und sie rüttelt ihn wie hysterisch.

Kerzengerade fährt sie im Bett hoch.

»Kara, Liebling, Kara, was ist, was hast du, so beruhige dich doch.« Zärtlich streckt er seine Hand aus, um sie zu beruhigen.

Mit vor Schreck geweiteten Augen starrt Lena ihn an; wie einen Geist. Noch höher zieht sie ihre Bettdecke und schiebt sich langsam an den äußeren linken Rand zurück.

»Kara, Liebling«, vernimmt sie Marks Stimme wie aus weiter Ferne, »was ist mit dir, was hast du?«

Ein unkontrolliertes Zittern befällt ihren Körper. »Mark, was machst du in meinem Bett? Was ist heute nacht passiert? Ich verlange eine Erklärung, und wer ist Kara?«

Keine Antwort abwartend, spricht sie hastig: »Ich habe doch abgeschlossen. Wir hatten uns doch auf dem Flur verabschiedet«, rekonstruiert sie das Geschehene laut. Fragend starrt sie Mark an.

»Ja, das stimmt, wir haben uns auf dem Flur vor der Zimmertüre verabschiedet«, wiederholt er gedehnt. »Ich bin dann zum Aufzug gegangen, bin eingestiegen, das weiß ich genau, und habe den Knopf des zweiten Untergeschosses gedrückt. Dort steht mein Wagen. Ja, und ich kann mich erinnern, daß die Stockwerke 14 und 13 abwärts an mir vorbeiglitten.«

»Und wieso bist du dann hier«, fragt Lena verwirrt. »Und wieso sagtest du Kara zu mir? Du verwechselst mich wahrscheinlich mit einer anderen. Deine Freundin heißt sicher so«, gibt sie sich selbst die Antwort.

Ratlosigkeit und Unverständnis machen sich auf Marks Gesicht breit. Fieberhaft arbeiten seine Gehirnzellen.

»Lena, ich kenne keine Kara, ich schwöre es, bitte glaube es mir, der Name sagt mir gar nichts.« In diesem Moment durchzuckt ein Feuerstrom Marks Körper, und die Bibelstelle aus dem alten Testament fällt ihm spontan ein: Und dreimal kräht der Hahn, dann wirst du mich verraten. Was soll das nun schon wieder denkt er.

»Laß uns versuchen, den gesamten Abend zu rekonstruieren«, bittet Mark.

Keinem Gespräch mehr zugänglich, gibt sie bissig zur Antwort: »Deine Version kenne ich nun, aber würdest du bitte die Güte und die Freundlichkeit besitzen und mir nur eine einzige Frage ehrlich beantworten: »Wie kamst du in mein Zimmer?«

Langsam ärgerlich werdend, sieht Mark Lena an und sagt: »Ich weiß es wirklich nicht, ich schwöre es«, und hebt zur Bekräftigung drei Finger hoch. »Ich kann mich nicht daran erinnern«, beteuert er.

»Kannst du dich an irgend etwas erinnern, vielleicht eine winzige Kleinigkeit, die uns weiterhilft?« Angstvoll forscht sie in seinem Gesicht.

Panik läßt sie erstarren; hat sie . . . vielleicht

mit ihm geschlafen? Nein, das kann nicht sein, das darf nicht passiert sein, was soll ich denn meinem Mann sagen, jagen sich ihre Gedanken.

»Doch, an etwas kann ich mich erinnern«, platzt Mark in ihr gedankliches Chaos. Atemlose Spannung herrscht im Raum, während Mark sich träumerisch in die Kissen zurückgleiten läßt.

»Bitte, sag schon«, preßt Lena zwischen zusammengekniffenen Lippen hervor.

Zärtlich sieht Mark sie an und berührt vorsichtig ihren Arm. Willenlos läßt sie es geschehen. »Du bist die zauberhafteste Frau, mit der ich jemals geschlafen habe.«

Bedrohliche Stille herrscht im Zimmer, nicht mal der Atem ist zu hören. Mark wird es unheimlich zumute. Sanft rüttelt er die starre Lena. Ein Stöhnen bricht aus ihrer Kehle. »Nein, nein«, stammelt sie, »das darf doch nicht wahr sein, das ist doch unmöglich.«

Hilflos streichelt Mark ihren Arm und hofft, daß sie sich wieder beruhigt. Leise beginnt er auf sie einzureden. Flüsternde Worte, zärtliche Gesten. Wie eine Marionette läßt sie alles geschehen, während sich ihre Gedanken überschlagen.

Allmählich löst sich Lenas Starre. Verzweifelt bemüht sie sich, einen klaren Kopf zu erhalten.

»Mark?«

»Ja, Liebling?«

»Laß uns das Ganze vergessen. Wir reden nicht mehr darüber und tun so, als ob wir uns tatsächlich vor der Tür verabschiedet hätten.«

Mark stockt der Atem. »Nein, Lena,das kommt überhaupt nicht in Frage. Ich bin genau wie du daran interessiert, für diese doch recht seltsamen Vorgänge eine Erklärung zu finden. Es gibt noch einen guten Grund, ich bin glücklich, dich endlich gefunden zu haben, und will, daß es so bleibt.«

»Suchet auf Sarron, und ihr werdet finden«, murmelt Lena in diesem melodiösen Singsang.

Jetzt reicht es. Schwungvoll springt er aus dem Bett und schreit sie fast an: »Hör auf damit! Ich will eine Erklärung und zwar eine plausible.« Gewaltsam versucht Mark, sich in ein normales Tagesgeschehen zu retten, in dem er sich eiligst ins Badezimmer verzieht. Laut knallt er die Mahagonitür hinter sich zu, um kurz darauf nochmals seinen Kopf aus dem Bad zu strecken. »Und was es mit dem verdammten Sarron auf sich hat, werde ich auch noch herausfinden.«

Ihre Reaktion nicht abwartend, hat Mark sich nun endgültig verzogen. Der harte Strahl der Dusche zeigt ihm zwar an, daß er aus Fleisch und Knochen besteht, woran er auch keinen Zweifel hegt, und der prüfende Blick in den Spiegel beschert ihm sein morgendliches vertrautes Gesicht. Nein, äußerlich ist keine Veränderung zu verzeichnen, stellt er erleichtert fest. Wenn er sich kneift, tut es weh.

Hastig, Lena nicht ansehend, streift er sich schnell seine Kleidung über. Ohne sich zu verabschieden, stiehlt er sich aus dem Zimmer. Während er mit raschen Schritten zum Lift eilt, fühlt er doch spürbare Erleichterung. Er beschließt spontan, Lenas Vorschlag anzunehmen, das Ganze zu vergessen und keine unnütze Zeit mit Grübeleien zu verschwenden. Weiß Gott, hat er doch anderes im Kopf.

Ohne zu stocken surrt der Lift abwärts in das zweite Untergeschoß. Weg, nichts wie weg hier, sind seine Gedanken, während er hastig zum Wagen eilt. Ein Glück, atmet er erleichtert auf, wenigstens steht sein Jaguar noch da, wo er ihn gestern abgestellt hatte.

Ein Blick auf seine Armbanduhr läßt ihn erschrecken. Seine Geschäftspartner warten sicher schon auf ihn. Diesmal kommt er zu spät. Wo sind denn nur meine Autoschlüssel, und fahrig durchstöbert er alle seine Taschen. Aufgeblendete Scheinwerfer, aus dem ewigen

Halbdunkel der Tiefgaragen, die direkt auf ihn zuzugleiten scheinen, tauchen die gespenstige Parkgarage in grelles Licht. In panikartigem Verhalten rüttelt er an seiner Wagentür.

Mit einem Schnappen springt die Türe auf, und Mark wirft sich erleichtert in die hellgrauen Ledersitze seines Wagens. Sofort verriegelt er die Türen von innen. Jetzt erst fühlt er sich wieder ein bißchen sicherer. Sein keuchender Atem verflacht langsam, während er sich mit seinem Taschentuch, dem ein eigenartiger Geruch von Parfüm anhaftet, die feinen Schweißperlen von seiner Stirn wischt.

Nachdem er sich einigermaßen beruhigt hat, greift er automatisch zum Zündschlüssel und startet. Mit einem Aufheulen des Motors schießt der schwere Waren nach vorn und jagt mit übermäßigem Tempo auf die Ausfahrt zu. Wie ein Blitz durchzuckt ihn der Gedanke, die Schlüssel steckten, und die Wagentür war nicht abgeschlossen. Er muß sich beherrschen, um nicht das Gaspedal durchzutreten. Nein, ich will nicht mehr darüber nachdenken, das geht hier nicht mit rechten Dingen zu, argumentiert er für sich. Nur nicht denken. Herr Walther, der souveräne Geschäftsmann, fühlt sich heute morgen wie die Hauptfigur eines Alptraums.

Aufgewühlt läßt sich Lena in das Kissen zurücksinken. Das Ganze ist verrückt, das muß sie erst verkraften. Wie war das alles noch?

Gedanklich läßt sie den Tag und den Abend Revue passieren. Sie kann nichts Außergewöhnliches entdecken. Alles erscheint logisch. Es war ein wunderbarer Tag mit großem Erfolg und ein noch schönerer Nachmittag und Abend mit Mark. Verbissen sucht sie nach einer Lösung. Irgendwo zwischen dem Abend und dem heutigen Morgen, fehlt ein Puzzleteilchen. Sie ist sich sicher, daß etwas fehlt! Hängt es mit dem von Mark erwähnten Sarron zusammen? Sarron und Kara, erinnert sie sich angestrengt. Sarron, Kara, Sarron, Ka . . . , wiederholt sie monoton, so als wolle sie eine Mauer durchbrechen oder einen Schleier zerreißen. Sarron, Kara, . . .

Verlorene Seelen

Leihja, halt mal bitte den Film an«, bat Andrea. »Unverständlich sind für mich Lenas Reaktionen auf die Hotelszene am Morgen und die derzeitigen Ereignisse. Das alles ergibt für mich keinen rechten Sinn. Das einzige, was mir auffiel, war, daß Lena anscheinend echte Gefühle zeigte und offensichtlich auch empfand. Das wiederum entspricht nicht ihrem vorhergehenden Leben. Bitte erkläre mir, was diesen Wandel verursacht hat?«

»Du scheinst eine winzige Kleinigkeit übersehen zu haben. Gehen wir zurück zu der Szene: ›Wie durch eine Nebelwand kämpft sie sich zurück, versucht einen eisigen Hauch abzustreifen . . .‹ «.

»Ja, das habe ich gesehen, und mir war, als ob ich es selbst für einen kurzen Moment miterlebte. Auch ich hatte das Empfinden, dieses dunkle Etwas wahrzunehmen. Was ist das? Gehört dies zu den ›schlechten‹ Boten?«

»Du erinnerst dich: Lena wünschte sich, tiefe Emotionen kennenzulernen, und Mark gefiel ihr als Mann. Und um deine Frage zu beantworten, ob es sich hier um ›schlechte‹ Boten handelt, so muß ich dies zunächst verneinen, obwohl sie – vielleicht oder auch sicher – in eurer Sprache dazugehören würden. Doch Lenas Fall verhält es sich anders. Sie wurde von einer verlorenen Seele gestreift. Ihr Menschen bezeichnet sie als ›Wanderseelen‹.

Das sind Seelen, die ziellos durchs Universum streifen. Sie haben viele Inkarnationen auf der Erde und erdähnlichen Planeten durchlebt. Es sind Seelen, die nicht ins Licht gehen. Deshalb findet keine Weiterentwicklung statt. Trotzdem sind sie nicht so erdverhaftet, um direkt an Objekten oder Menschen zu kleben. Sie wählten, eine Zeitlang durchs Universum zu streifen.

Manchmal entscheiden sich diese Wanderseelen, für eine gewisse Zeit bei Menschen eine Zwischenstation zu machen oder auch bis zu seinem Ableben als Seele im Menschen zu existieren. Gemäß der eigenen Schwingung – den intensivsten Wünschen des Menschenkindes – zieht es sich zu gegebener Zeit diese verlorenen Seelen an. Diese Menschen werden von ihnen besetzt.«

»Wie?« unterbricht Andrea.

»Später. Gleichzeitig beginnt die Reinkarnationserinnerung dieser Seele im Menschen. Wie ich dir schon sagte, ist alles Geschehen in der Seelenspur verzeichnet. Dadurch erinnern sich Menschen manchmal an Inkarnationen, die sie mit ihrer eigenen Seele niemals hatten. Meist an sehr leidvolle Erdenleben. Wenn diese Zeitspur gründlich analysiert werden würde, könnten diese besetzten Menschen erkennen, daß sich das Schicksal in jeder Inkarnation wiederholt. Wenn sie in diese Zeitspur zurückblicken, scheint es immer, als ob sie nie etwas daraus gelernt hätten. Haben sie auch nicht, denn diese verlorenen Seelen wollen immer und immer wieder Emotionen erleben.«

»Leihja, und du willst damit sagen, daß sich eine solche verlorene Seele anbot, bei Lena einzusteigen und sie zu übernehmen? Kann das so ohne weiteres geschehen? Sind alle Menschen auf diese Art und Weise gefährdet? Wie erkennt man das? Und wie wird man sie wieder los?«

»Bitte, langsam, sachte, Angst spricht durch deinen Mund und läßt dein Gehirn davongaloppieren. Bleib ruhig! Es hört sich weit schlimmer an, als es ist. Eines vorweg: Nicht alle Menschen sind gefährdet. Voraussetzung ist, daß sie durch intensivste Wünsche eine offene Energiespur in den Kosmos geschaffen haben. Außerdem müssen bestimmte Faktoren zusammentreffen, die das Eindringen beziehungsweise die spätere Übernahme gewährleisten. Doch dazu später, das sehen wir dann besser. Ich hoffe, du bist damit einverstanden«, setzt Leihja bestimmend hinzu.

Ein Blick in ihr Gesicht macht Andrea klar, daß jedes weitere Wort zu diesem Zeitpunkt vergebens wäre. Also fügt sie sich, wenn auch nur widerwillig.

»Schließ deine Augen, ruhe ein wenig . . .«

Die Leere

Oft denkt Mark an Lena. Gerne würde er sie wiedersehen, mit ihr reden und sie zärtlich in seine Arme schließen. Er stellt sich vor, sie nie wieder loszulassen, sie für immer zu behalten. Seit jener denkwürdigen Nacht fühlt er sich einsam, als ob ein Teil von ihm fehlt. Die zweite Hälfte seines Ichs, Lena.

Doch Lena ist nicht mehr zu sprechen. Den Job hat sie aufgegeben. Sie ist umgezogen, sagt ihr Mann. Wohin genau, das weiß er nicht. Die Stadt ist groß. Wenn er anruft, legt sie auf. Absolut nicht gesprächsbereit. Nein, die Nummer gibt er nicht weiter.

Doch Mark kann Lena nicht vergessen. Er hofft! Auf den Straßen hält er nach ihr Ausschau und jede Ähnlichkeit mit Lena läßt sein Herz höher schlagen. Einmal ertappte er sich, wie er einer Frau hinterherlief. Er dachte . . . Unvermittelt blieb sie stehen und wandte sich ihm zu. Völlig erstarrt stand er da und fühlte die Energie aus seinem Körper weichen . . . es war nicht Lena. Mark läßt die Schultern hängen und macht mit schleppenden Schritten kehrt. Einsam, verlassen und leer geht er einer öden Zukunft entgegen.

IV. Kapitel

Sebastian

Lautes, anhaltendes Klingeln ertönt an der Haustür. Andrea schreckt hoch. Völlig benommen erhebt sie sich vom Sofa. Mit steifen Gliedern geht sie zu der Tür und öffnet sie. »Lena, du.« Andrea war wie vom Donner gerührt. »Ich hatte gerade . . .« Mitten im Satz bricht sie ab, denn das Absurde ihrer Situation wird ihr bewußt. Sie sieht in den Raum. Die Kerze war fast heruntergebrannt, das Licht der Stehlampe leuchtet gelblich in den hellen Tag und auf dem Tisch befindet sich noch das halbvolle Glas Wein.

»Willst Du mich hier stehen lassen?« hört sie Lena fragen.

»Entschuldige bitte, ach nichts, komm bitte rein«, stottert Andrea und tritt zur Seite.

»Du bist ein bißchen blaß um die Nase«, sagt Lena, nach einem musternden Blick in das Zimmer. »War wohl allerhand los mit dir heute nacht.« Keine Antwort abwartend, faßt sie Andrea am Arm und meint: »Wie wäre es mit einem schönen, langen Spaziergang? Dann bekommst du wieder einen klaren Kopf.«

»Ja, laß uns zur Steilküste gehen.«

Die Sonne scheint, es war angenehm warm, und die letzten Tautropfen des goldenen Herbstes glitzern noch an dem mattem Grün der kargen Pflanzen. Die Luft ist klar, frisch und beruhigend. In Gedanken versunken schlendern sie auf die Steilküste zu. Leise fängt Andrea an zu murmeln: »Lena, würdest du mir bitte etwas über dein Leben, über den Zeitabschnitt ab Mark erzählen?«

Verwundert blickt Lena Andrea an und fragt sie: »Warum interessiert dich das plötzlich? Was ist passiert?«

»Bitte vertrau mir, auch wenn du mich jetzt nicht verstehst. Ich werde dir später alles erklären«, fleht Andrea beinahe. »Ach, eins vorab – ich hatte einige mehr als denkwürdige Ereignisse und einen noch seltsameren ›Traum‹. Hm, ich will nur wissen, ob das alles richtig sein kann, denn für mich fühlt es sich sehr stimmig an, obwohl ich nur sehr wenig davon wirklich verstehe. – Lena, warum hast du Mark damals so abserviert, er wollte doch den Kontakt zu dir?« Wie ertappt blickt Lena zu Andrea und fragt nur: »Woher weißt du das?«

»Wie ich dir sagte, aus meinen Träumen.«

»Ach, weißt du«, weicht Lena aus, »es war alles so verworren. Zu diesem Zeitpunkt und unmittelbar danach hatte ich entsetzliche Alpträume von einem anderen Planeten namens Sarron und einem Mann, der sich damals Xenor nannte. Es war mehr als mysteriös. Wie du dich erinnern kannst, war ich zu diesem Zeitpunkt verheiratet und wollte es eigentlich auch bleiben. Und da war noch etwas, irgend etwas machte mir angst, irgend etwas Unerklärliches, etwas Kaltes war da, etwas Dunkles; vielleicht kennst du das Gefühl einer drohenden Gefahr. So war mir zumute. Ich glaube, ich habe einfach nur die Flucht ergriffen, weil ich mich nicht mit dem Ganzen konfrontieren wollte. Ich denke, ich habe ihm und mir keine Chance gegeben. Danach traf ich Sebastian«, sprach Lena mit leiser Stimme, wie zu sich selbst. »Und die Geschichte war der Schlüssel zu meinem verkorksten Leben. Das war schicksalhaft für mich.«

Andrea nickt in Gedanken, doch sie wagt nicht, Lenas immer wieder stockende Rede zu unterbrechen. Sie versteht, daß Lenas innigstem Wunsch zu einem Zeitpunkt stattgegeben wurde, an dem sie sich damit abgefunden hatte, den Rest ihres Lebens im immer wiederkehrenden

Trott zu verbringen. Sie begreift, was sie in der Vorschau über die Kurskorrektur eines Seelenteils gesehen hat. ». . . der Seelenrat zieht einmal kurz an der Seelenschnur, und schon verheddert sich das Menschenkind im falschen Fluß . . .« So mußte es gewesen sein, der Seelenrat hatte es so beschlossen, da Lena sich weigerte, auch nur einen einzigen Schritt in die Richtung ihrer zu erfüllenden Aufgabe zu gehen.

Langsam schritten sie beide weiter mit Blick hinaus auf die offene See. Still und ruhig spülten sanfte Wellen gegen dunkle Felsen. Es war Ebbe, und einzelne Möwen strichen mit weitem Flügelschlag über das Wasser.

Lena erzählt Andrea von Sebastian, den sie traf und der ihren Weg veränderte.

»Ja, er war etwas Besonderes«, sagt sie, und ein träumerischer Ausdruck verklärt ihr interessantes Gesicht. »Er hatte so ein magnetisches Energiefeld um sich, das ungeheuer anziehend auf mich wirkte.«

»Lena, sei nicht so kompliziert, sag doch gleich, daß du dich auf Anhieb in ihn verknallt hast.«

»Nein, Andrea, so war es wirklich nicht, es war ganz anders. Du verstehst das nicht«, fühlte sich Lena mißverstanden.

»Na, gut, erklär mir, was dich so aus der Bahn geworfen hat«, sagt Andrea leicht grinsend.

»Ja, Sebastian war reine Energie. Er hatte so etwas Vibrierendes an sich. Wenn wir unsere Hände an den Fingerkuppen zusammenführten, entwichen kleine Blitze, die in unseren beiden Körpern die sexuelle Energie aufs äußerste potenzierte. Wir konnten nicht anders, wir mußten uns vereinigen.«

»Und das hat dich veranlaßt, alles hinzuschmeißen und zu Sebastian zu gehen«, fragt Andrea verständnislos.

»Nein, das nicht, aber nach Mark geschahen eigenartige Begebenheiten, die mein »privates glückliches Leben« bereits in Schutt und Asche legten.«

Erstaunt zog Andrea eine Augenbraue hoch, denn davon wußte sie nichts. Die damals einhellige Meinung im Bekanntenkreis war, daß Lena und ihr Mann eines der seltenen glücklichen Paare seien, denen es unbedingt nachzueifern galt. Wie es zur Scheidung kam, blieb allen ein Rätsel.

Schleppend spricht Lena weiter: »Nach dem denkwürdigen Ereignis mit Mark fühlte ich mich außerstande mit meinem Mann eine eheliche Beziehung aufrechtzuerhalten. Jede Berührung wurde mir unangenehm. Ich ertrug es nicht länger. Am liebsten hätte ich die ganze Geschichte erzählt, doch sie war so unglaubwürdig. Ich nahm an, er würde es nicht verstehen. Ich begriff es doch selbst nicht, doch ich veränderte mich. Meine glanzvolle Welt wurde öde, mein Job eine Tortour, meine Ehe ein Gefängnis. Ich fror unendlich. Ich suchte Lachen, Wärme, Fröhlichkeit, Freiheit, Leichtigkeit, Spaß und Spiel.

Allen guten Ratschlägen und Angeboten zum Trotz, kündigte ich kurzerhand meinen Job und erklärte meinem verdutzten Mann, ich ziehe aus, ich möchte getrennt leben und mich selbst finden.

Eine Weile später, noch mitten in meinem Chaos lief ich Ralph über den Weg. Eine stürmische Affaire begann, bis ich Sebastian kennenlernte. Zum Glück hatte ich zu diesem Zeitpunkt bereits mein eigenes Zuhause.

Ja, mit Sebastian hatte ich zum ersten Mal in meinem Leben das Gefühl, das ist die ganz große Liebe. Und wir seien vom Schicksal füreinander bestimmt. Wir empfanden es als schicksalhaft, und unser Beisammensein entzündete unsere heftige Leidenschaft füreinander.

Aufgrund dieser Erlebnisse änderte sich mein Verhalten, und ich beschloß nach dem Trennungsjahr die Scheidung zu veranlassen, denn ich sah mich nicht länger in der Lage, meine Wünsche und Tatsachen mit meiner Ehe in Einklang zu bringen. Ich dachte, mein Mann würde es nicht verstehen. Ich ging endgültig – ohne Emotionen, ohne Trauer, Schmerz und ohne zu leiden.

Als wir uns nach Jahren einmal wiedersahen, berichtete er mir, er hätte an dem Tag, als ich Sebastian zum ersten Mal traf, ein sehr dumpfes, schweres Gefühl wahrgenommen, und ihm war, als wäre er von einem kalten Hauch gestreift worden. Ich erzählte ihm nicht, daß ich das gleiche vor und bei dem ersten Treffen mit Sebastian verspürte.

Sebastian und ich beschlossen, zusammenzuleben. Unsere Leidenschaft und Sinnlichkeit war das Heftigste, worauf ich mich bisher in meinem ganzen Leben einließ. Es waren Emotionen, die ich bis dahin nie kennengelernt hatte.«

Aufgewühlt von den Emotionen läßt sich Lena auf dem nächsten Baumstumpf nieder und sieht mit tagträumendem Blick hinaus in den endlosen Horizont. Andrea richtet das Wort an sie, doch sie hört sie nicht.

»Leihja, jetzt könnte ich deine Hilfe gebrauchen«, seufzt Andrea gedankenschwer, und sogleich sieht sie Leihja vor ihrem geistigen Auge.

»Deine Gedanken sind richtig, mein Kind.

Wir haben einer Wanderseele, die sich in ihren unzähligen Erdenleben in Emotionen wie Schuld, Haß und Schmerz verstrickt hatte, die Gelegenheit gegeben, durch Lena endlich zu wachsen. Und Lena hatte sich dadurch wiederum ihre Wünsche erfüllt. Nur allzubereit nahm sie diesen Seelenteil an, denn jetzt, mit Sebastian, würde sie so ›normal‹ sein, so normal wie alle anderen Menschen auch; glaubte sie jedenfalls. Hast du Lenas Geschichte genau zugehört? Sie hat erwähnt, wie der Einlaß dieser Seele stattfand.«

»Ja, ich glaube, ich weiß es: Sie sagte, an den Fingerspitzen hätte es elektrisiert, und vermutlich war der Einlaß dann endgültig durch die Offenheit bei der Sexualität geschehen, über das Lebenschakra.«

»Liebe Andrea, von nun an lag Lena im Kampf mit sich selbst. Dieser neue Seelenteil wollte lernen. Er veranlaßte Lena, nur noch gut zu sein, edel und rücksichtsvoll, eben all das Gute und Schöne und nur Liebe zu leben und niemanden zu verletzen. Innerhalb von zwei Jahren verstrickte sie sich in Emotionen wie Liebe, Haß, Wut, Zorn und Eifersucht. Es gelang ihr immer weniger, nein zu sagen, beziehungsweise konsequent zu bleiben, denn sie wollte niemanden verletzen. Da sie mittlerweile anfing an sich selbst zu zweifeln, fehlte ihr die Urteilskraft, ihren Willen richtig einzusetzen. Sie wollte, daß alle Menschen selbst ihre Entscheidungen treffen. Dadurch verlor sie alles, was sie liebte. Sie katapultierte von angestrengtem Gutsein zu übermäßiger Härte. Sie verlor sich, sie wußte nicht mehr, was sie vorher war oder weshalb ihr Leben vorher reibungslos funktionierte. Es waren nur noch schemenhafte Erinnerungen, ereignislos, bedeutungslos und irreal.

Krampfhaft versuchte sie, sich selbst zu finden, Gott zu finden. Ständig fand sie sich, doch im gleichen Atemzug verlor sie sich. Sie befand sich im Nichts, im Vakuum; weder in der Realität noch in einer parallelen Welt war sie zu Hause. Parallele Welten, andere Dimensionen mit durchdringenden Energien drängten in ihre Realität. Sie sah nicht nur vergangene Leben, sondern nahm das Leid der Zeitspur des anderen Seelenteils, das Sebastian begleitete als ihr eigenes in ihr jetziges Leben auf. Sie erkannte nicht, daß es nicht ihre eigenen Leben waren, sondern die Leben dieses Seelenteils, das sie zu dem ihrem in sich trug.

Dieser Seelenteil nahm immer mehr Raum ein, und oft fühlte sie sich zwiegespalten und fragte sich verzweifelt, warum sie denn kein

Glück mehr habe, keine dauerhafte Liebe erhalte und der Erfolg ihr versagt bliebe.

Mit der Zeit konnte sie nicht mehr, sie fühlte sich unendlich schuldig und von diffusen Ängsten, geplagt. Diese nahmen schon bedrohliche Formen an. Immer öfter dachte sie ans Aufgeben, an Selbstmord, doch noch wehrte sich ihr ursprünglicher Seelenteil dagegen. Wir unterstützten ihn und hielten Lena davon ab. Immer öfter hatte sie dubiose Träume, die sie sich nicht erklären konnte. Meistens spielten diese in anderen Welten, ganz anderen Leben, die mit ihrer Realität nichts, aber auch gar nichts gemein hatten. Wieder fing sie an, sich zu wünschen, doch in ihre alte Welt zurückzukehren, sich wieder zu verändern. Nein, eigentlich wollte sie gar nicht in ihre alte Welt, doch warum sie jetzt wieder anders sein wollte, wußte sie nicht mehr. Sie hatte keine Ahnung mehr. Ihr war nur eines klar: So ging es nicht weiter. Wieder setzten wir uns im Seelenrat zusammen. Wir hatten Einsehen und beschlossen einstimmig die Änderung der Situation, zumal diese verlorene Seele gar nicht so lernwillig war, wie es am Anfang schien, und Lena zu sehr vom Weg abbrachte, anstatt sich ihm zu nähern.«

Im Zeitlupentempo wendet Lena Andrea ihren

Kopf zu und meint zaghaft: »Vielleicht wäre es doch gut, wenn ich einmal über die gesamte Geschichte spreche, auch wenn ich jetzt nicht mehr unter den Folgen zu leiden habe.«

Verständnisvoll, beinahe zärtlich, streichelt Andrea Lenas Arm und sagt: »Das halte ich für eine sehr gute Idee.«

Mit leiser Stimme fängt Lena an zu reden. Es klingt, als ob sie einen Brief an Sebastian rezitieren würde, den sie irgendwann einmal auswendig gelernt hat. Andrea lauscht gebannt.

»Mylord«

Es war einmal ... So fangen alle Märchen an. Märchen aus uralten Zeiten, für dich und für mich geschrieben. Geschrieben für alle Menschen, die sich lieben. Lieben, so wie wir, so wie du mich, so wie ich dich.

Doch alles hat seine Zeit, auch die Liebe währt nicht auf Ewigkeit. Unsere Liebe nicht, die schon gar nicht, die hielt nicht mal der geringsten Belastung stand. Sie verschwand wie von Geisterhand. Denn eins beachteten wir auf Erden nicht, wie schnell hier eine Liebe zerbricht!

Was tust du, frag' ich mich, jetzt so ohne mich? Ist dein Leben nicht hohl und leer ohne Sinn und Verstand, oder ersetzt du Liebe mit Rausch und Sinnestaumel? So viele Fragen, die sich mir jetzt stellen. Die Antwort kann ich nicht geben, denn es ist dein Ressort, alles zu beantworten, alles zu sagen, alles zu tun, oder alles zu lassen.

Ich warte . . . auf was? Ich hasse es, zu warten, und dennoch tue ich es, und ich kann nichts anderes tun als warten, warten auf dich, auf deine Einsicht, deine Besinnung – wie seit Anbeginn der Zeit –, und dabei hasse ich dich bereits, hasse dich so sehr, wie ich noch niemanden haßte!

Haß ist, nein, war ein Fremdwort für mich. Haß – sind das verletzte Gefühle –, ist das verletzter Stolz, verletzte Eitelkeit? Ich weiß es nicht, ist es nicht auch eine Art von Liebe? Gehören Liebe und Haß zusammen, sind beide gar nicht zu trennen?

Ist es nicht schrecklich? Allein diese Vorstellung zu haben; fast schäme ich mich. Aber wenn ich den Verlauf unserer Liebe ganz nüchtern betrachte, dann muß ich sagen: Es kommt nichts anderes außer blindem Haß zu dir in Frage, und dabei fing alles wie im Märchen an . . .«

»Andrea bist du sicher, daß du die Geschichte wirklich hören willst«, fragt Lena mit einem kurzen Seitenblick auf Andrea.

»Ja, ich mir absolut sicher, sprich bitte weiter. Wie hat es begonnen?«

Mit leiser Stimme fährt Lena fort und Andrea sieht Lenas Geschichte in Bildern an sich vorbeiziehen.

». . . Es ist noch gar nicht lange her . . . Es war Samstagnacht, 2. Dezember 1989. Der Tag, an dem meine Mama Geburtstag hat und wir ein Fest hatten. Weihnachtsball im Curio-Haus. Ein Fest, ihr zu Ehren gegeben. Viele Gunstbezeigungen, Verbeugungen, Gratulationen und Applaus. Ein Abend voller Lachen und Freude, Tanz und Firlefanz. Eine Nacht, die auch so ausklingen sollte, wie sie begann. Alles ließ sich zauberhaft an . . .

Die Nacht war kalt und klar. Das Lichtermeer der Sterne funkelte und wetteiferte mit den kalten Neonlichtern der Großstadt um den strahlenden Glanz.

Als ich zu meinem Auto ging, fröstelte ich leicht und schlang mir das indigoblaue Cape noch enger um meinen Körper. Seufzend schickte ich ein Stoßgebet gen Himmel mit der Bitte, mir zu sagen, was ich mit dieser angebrochenen Nacht beginnen solle. Einfach nach

Hause gehen, wo keiner auf mich wartet, wo ich allein bin und eventuell auf trübe Gedanken komme? Mein Mann und ich lebten getrennt. Nein, das wollte ich nicht, dazu war ich zu guter Laune. Aber ein bißchen aktuelle Musik hören, danach war mir schon. Den ganzen Abend nur ›Humba, Humba, tätärä‹ wie ich das für mich nannte, nein, das ist bestimmt nichts für mich.

Wohlweislich hatte ich vorgesorgt und meiner Mutter angekündigt, daß ich gedenke, noch ins ›Mylord‹ zu gehen, um vorzeitig das für mich so langweilige Fest verlassen zu können.

Ihr Sorgenkind kommt endlich wieder einmal auf die Idee wegzugehen. Schon allein dieser Gedanke stimmte sie heiter. Ihre drohende Aussage war: »ich schleppe dich noch eigenhändig durch alle Bars unserer Stadt, damit du endlich wieder einen vernünftigen Mann abkriegst. Das ist doch nicht normal, was du in der letzten Zeit veranstaltest. Du magst keinen, du hast an jedem etwas auszusetzen, seit dieser Geschichte mit Mark, und deine Ehe ging ja auch kaputt. Du bist zu jung, um alleine zu bleiben.«

So und nicht anders, waren immer wieder ihre mahnenden Worte, die ich schon nicht mehr hören konnte.

Sie hat ja nicht unrecht, denke ich im stillen, ich bin wirklich zu jung, um alleine zu bleiben. Und nur die Firma befriedigt auf Dauer auch nicht. Na ja, vielleicht sollte ich doch ins ›Mylord‹? . . . Wird ja doch wieder nichts, wie üblich.

In diesem Augenblick löst sich direkt vor meinen Augen eine Sternschnuppe und zerrieselt am nachtblauen Himmel in Einzelteile. Aufgeregt, mit einem inneren Vibrieren versuche ich mir etwas zu wünschen. Oder an was hatte ich eben gedacht? Ans ›Mylord‹ und einen Ideal- oder Dualpartner. Welch absurde Idee, den ausgerechnet dort zu treffen. Doch jetzt war die Entscheidung gefallen, und ich beschloß hinzufahren.

Laute Musik ›Another day in paradise‹ und Stimmengewirr dröhnt mir entgegen. Prickelnde Atmosphäre, rauchgeschwängert die Luft. Menschen dicht an dicht gedrängt. Mühseliges Durchkämpfen, ansonsten müßte ich im Eingang stehenbleiben. Mit großen Augen, auf Zehenspitzen mich streckend, überblicke ich die Runde.

»Hallo, bist du auch wieder mal da?« spricht mich die blonde Barfrau an. »Was willst du trinken?«

»Scotch-Cola«, schreie ich fast, um mich verständlich zu machen, und könnte mich für diese Schnapsidee, in der Sonnabendnacht, zu so später Stunde noch hierherzukommen, ohrfeigen. Mühsam habe ich mir inzwischen die Rükkenlehne eines Barhockers erkämpft, um mich wenigstens ein bißchen festhalten zu können. Ganz allmählich sondiere ich das Terrain und beobachte verdutzt die Szene, die direkt neben mir abläuft.

Eine fette Lady, noch relativ jung, doch reichlich alkoholisiert, versucht einen Mann zu umarmen, was diesem meines Erachtens leicht peinlich ist. Amüsiert verfolge ich diese fast schon komische Situation.

Steht doch dieser verrückte Mensch mit einem weißen gefütterten Trenchcoat an der Bar, und es ist wirklich nicht kalt in diesem Edelschuppen. Der muß ja bald zerfließen, denke ich. Plötzlich wirbeln alle möglichen und unmöglichen Gedanken durch meinen Kopf. Fast zwanghaft wende ich mich ihm zu.

»Schwitzen Sie nicht in ihrem Trenchcoat«, höre ich mich reden und zupfe ihn dabei auch noch am Ärmel. Über mich selbst sehr erschrokken, würde ich mich am liebsten abwenden und flüchten, doch in dieser Leibermasse ein unmögliches Unterfangen. Genau in diesem Moment dreht er sich mir, mit einem leicht überraschten, doch arroganten Gesichtsausdruck zu.

»Nein, ich schwitze nicht«, und geistesgegenwärtig kontert er: »Gibt es hier eine Garderobe?«

»Ja, gleich am Eingang links«, antworte ich und merke nicht, daß ich wohl auf den Arm genommen werden soll. Aber meine Stimmung ist zu gut, um mir die Laune verderben zu lassen. Verstohlen beobachte ich ihn nun genauer. Was ich sehe, gefällt mir recht gut!

So stehen wir nun nebeneinander und tun so, als ob sich keiner für den anderen interessieren würde. Ab und zu schenke ich ihm ein amüsiertes Lächeln, mit dem ich ihm zu verstehen gebe, daß ich die nutzlosen Bemühungen dieser Lady verachte.

»Was trinken Sie denn?« spricht er mich an.

»Whisky-Cola.«

»Sind Sie mit dem Auto hier?«

»Aber ja«, antworte ich leichthin. »Dieser eine Whisky macht doch nichts«, verteidige ich mich sofort mit schlechtem Gewissen.

»Wissen Sie denn nicht, daß wir hier in Deutschland eine Promillegrenze haben«, fragt er mich.

»Doch, natürlich ist mir das bekannt.« Sein ernster Blick macht mir zu schaffen. Fieberhaft überlege ich, ihn dabei taxierend, ob er vielleicht von der Polizei sei. Das hätte mir gerade noch gefehlt. Vorsichtig nippe ich an meinem Getränk. Meine Frage diesbezüglich verneint er. »Ja, was machen Sie dann«, möchte ich nun gerne wissen.

»Ich bin Techniker!« Schon besser, denke ich. Und um dieses begonnene Gespräch nicht versanden zu lassen, frage ich spontan: »Ist das Ihre Freundin?«

Fast böse fällt er mir ins Wort: »Nein, sehe ich so aus, trauen Sie mir so einen schlechten Geschmack zu? Die saß nur zufällig da.«

Da diese Dame durch reichlichen Alkoholgenuß ihre Grenzen ständig überschritt, wobei sie ihre fruchtlosen Bemühungen noch intensivierte, wendet er sich fast angewidert ab und fragt mich: »Wollen wir noch woanders hingehen, wo es etwas ruhiger ist und wir uns unterhalten können.«

Nach einem kurzen verdutzten Augenblick höre ich mich sagen, »ja, in Ordnung. Ich muß noch bezahlen, dann können wir gehen.«

Nach nicht mal einer halben Stunde saß ich schon wieder im Auto mit einem Mann, den ich nicht kannte und dessen Namen ich nicht wußte. Ich fragte ihn, wohin er wolle, denn mir fiele um diese Uhrzeit bestimmt nichts mehr ein, wohin wir noch fahren könnten. Er wisse schon etwas, ich solle mal eben die Chaussee hochfahren.

Nach vielen vergeblichen Versuchen landen wir in einer kleinen ›Kaschemme‹ in Eppendorf, im Szeneviertel. Es ist mir in diesem Moment egal, welches Lokal es ist, wo es ist und ob es schmutzig oder sauber ist. Hauptsache ist, wir sind zusammen. Klingt merkwürdig, und ich kann meine Stimmung weder erklären noch begreifen. Aber darüber mache ich mir keine Gedanken, denn ein Kribbeln hat mich erfaßt, und beinahe fühle ich mich unsicher.

So ziehen wir uns in eine Nische zurück, und versuchen, bei der Bedienung etwas zu trinken zu bestellen. Auf Alkoholisches verzichte ich, denn ich muß noch Auto fahren.

Sebastian, so heißt er, bestellt sich ein Bier. Auf der rotkarierten, nicht ganz fleckenlosen Tischdecke liegen interessante Bierdeckel in französischer Sprache, die ich nicht lesen kann. Daraufhin frage ich ihn, ob er denn Französisch könne. Ein Grinsen überzieht sein Gesicht und wundervolle Grübchen werden sichtbar, von denen ich fasziniert bin. Nein, er könne kein französisch, versichert er mit todernster Miene, während in seinen himmelblauen Augen der Schalk blitzt. Ich, immer noch unschuldig wie ein Lamm, frage die Bedienung, ob sie mir die Sprüche auf den Bierdeckeln übersetzen könne.

»Nein, ich kann es auch nicht«, sagt sie und lacht dabei.

Jetzt erst, meinen Fauxpas bemerkend, werde ich puterrot, muß aber selbst dabei lachen.

Wir reden und reden, kommen vom Hundertsten ins Tausendste und können hinterher nicht mehr sagen, worum es eigentlich ging. Die Zeit vergeht wie im Fluge. Das Lokal leert sich, nur wir sitzen immer noch wie festgeklebt. Mahnende Blicke und demonstratives Geklappere mit den Gläsern, die uns auffordern zu gehen, ignorieren wir mit einer Lässigkeit, die fast an Frechheit grenzt.

Inzwischen weiß Sebastian, daß ich alleine lebe, eine Wohnung habe, welchem Beruf ich nachgehe und daß ich Karten legen kann, so daß er mich bittet, ihm jetzt noch die Karten zu legen. Er möchte zu gerne wissen, welche Zukunft ich ihm deuten werde.

Nein, ich möchte nicht, jetzt nicht mehr, es ist zu spät. Mama hat morgen ihren privaten Geburtstagsempfang, und ich habe ihr versprochen, zu helfen. Außerdem habe ich morgen, das heißt heute, noch einen wichtigen Termin. Ich versuche das Ganze umzudirigieren, aber was ich zu diesem Zeitpunkt noch nicht weiß, ist, daß, wenn er sich etwas in den Kopf gesetzt hat, es auch ausgeführt wird, und nichts und niemand bringt ihn davon ab; außer er ändert seine Meinung.

Also, lange Rede, kurzer Sinn, endlose Debatten und Gegenargumentationen führen zu nichts. Eine Viertelstunde später sitzen wir wieder in meinem Auto und fahren zu mir nach Hause.

Flaues Gefühl in der Magengegend, das ich zu bekämpfen versuche. Es sieht nicht so aus, als ob er mit mir ins Bett wolle, nein, das kann ich mir nicht vorstellen. Nein, diesen Eindruck macht er nicht, versuche ich mich zu beruhigen. Er hat mich auch nicht gleich geduzt, auch da hat er erst um Erlaubnis gefragt, und plumpe Annäherungsversuche, wie die anderen, macht er auch nicht.

Sicher kann ich ihm vertrauen. Irgendwo schrillt in meinem Kopf eine Alarmglocke, jedoch wird diese rigoros zur Seite gedrängt, auch die Bildfetzen des grinsenden Gesichtes, das wie ein Schatten aus dem Nichts auftaucht, versuche ich zu verscheuchen, muß wohl zuviel getrunken haben. Ich ignoriere den Magendruck, und außerdem versichert er hoch und heilig, er wolle nur die Karten gelegt haben. Trotzdem, so ganz wohl ist mir dabei nicht, aber was soll ich machen, wenn ich jetzt nein sage, sehe ich ihn vielleicht nie wieder, und wir gehen auseinander, was ich wiederum nicht möchte.

Leicht konfus befinde ich mich kurze Zeit später in meiner Küche und koche Kaffee, der natürlich viel zu stark ist, fast schon bitter. Hätte ich gekocht, könnte man es vermutlich nicht essen, weil es versalzen, auf alle Fälle ungenießbar wäre.

Sebastian hat es sich auf der Couch im Wohnzimmer bequem gemacht. Er fühlt sich wie zu Hause, dämpft das Licht mit dem Helligkeitsregler, zündet die dunkelroten Kerzen an und sucht an der Anlage nach verträumter Musik.

Langsam schreite ich in meiner Abendrobe aus dunkellila und indigoblauer Seide mit einem zierlichen Tablett in das Wohnzimmer. Ein malerischer Anblick, wie er sich gekonnt in die tiefen Polster drapiert. Paßt gut zu meinem Stil.

Sofort verscheuche ich diese Gedanken, denn wenn ich den Faden weiterspinne, entsteht die Sehnsucht nach Glück und Geborgenheit, und daran glaube ich nicht mehr. Zu viele Enttäuschungen hat es gebracht. Eine gescheiterte Ehe, einige Liebesbeziehungen, alles hat nicht gehalten. Keine Erwartungen, meine liebe Lena, mahne ich mich.

Deshalb stürze ich mich sofort auf meine Aufgabe, ihm die Karten zu legen, wobei ich diese erst aus dem Bücherregal nehmen muß. Sebastian sitzt mir im Weg. Ich muß mich zwangsläufig vorn überbeugen, um heranzukommen, wobei ich ihn an der Schulter berühre, was ich als angenehm, aber nicht als provozierend empfinde.

»Was möchtest du denn gerne wissen, beruflich oder privat«, frage ich ihn.

»Natürlich beruflich«, antwortet Sebastian, wie alle meine Klienten, die nicht sofort ihre intimsten Geheimnisse preisgeben möchten. Daher mache ich ihn darauf aufmerksam, daß sich das, was ihn am meisten bewege, auch am ehesten im Kartenblatt zeige und es doch besser wäre, zuerst die brennenden Fragen abzuklären, damit kein Durcheinander entstünde. Vermutlich erkennt er die logische Argumentation, denn jetzt will er doch zuerst den privaten Teil wissen.

Fasziniert und gleichzeitig unangenehm berührt, starre ich auf das ausgelegte Kartenblatt, drehe und wende mich – innerlich – wie ein Aal. Peinliche Stille tritt ein, nur der flakkernde Kerzenschein belebt die Atmosphäre, und ganz leise tönt im Hintergrund eine gefühlvolle Liebesmelodie.

Meine Befürchtungen dahingehend sind: Wer ist diese Frau? Garantiert hat er dich ins Spiel gebracht, und diese Aussagen, beziehen sie sich auf dich, oder sind sie wirklich neutral gehalten? Ich weiß es nicht und ärgere mich im stillen, mich darauf eingelassen zu haben, ihm zu so später Stunde noch die Karten zu legen. Ich müßte wissen, ob er irgendwelche Hoffnungen an diesen Abend knüpft oder ob er mich nur als Abenteuer betrachtet. So ein Schwachsinn, solche Gedanken zu verschwenden, schelte ich mich, aber ihn das jetzt zu fragen, dazu habe ich keinen Mut, denn sein Gesicht drückt nicht die geringste Gefühlsregung aus. Ich möchte nicht ausgelacht werden.

Ganz vorsichtig wage ich mich, obwohl ich ansonsten sehr sicher bin, an eine Deutung heran. Stottere, druckse herum, finde keinen zusammenhängenden Satz, was ansonsten gar nicht meine Art ist. Und er, er guckt inzwischen irritiert und neugierig. Ist da nicht ein erkennungsvolles Aufblitzen in seinen Augen. Nur keine Einbildungen, sage ich mir selber und fühle mich immer noch kein bißchen sicherer. Fange doch endlich an.

»Momentan ist alles in Ordnung«, beginne ich

und spüre, wie hohl und fremd meine Stimme klingt.

»Wie es aussieht, bist du in einer festen Beziehung, die allerdings mit erheblichen Schwierigkeiten verbunden ist.«

»Wieso Schwierigkeiten?«, hakt er sofort nach.

»Ja, das ist so eine Sache, es sieht so aus, als ob du den Weg noch nicht genau kennst und auf deiner Suche bist, sozusagen mit der Laterne durch die Finsternis läufst.«

Verständnislos sieht er mich an. So etwas Merkwürdiges hat er sicher schon lange, wenn überhaupt, nicht gehört. Und ich war zu diesem Zeitpunkt nicht bereit, ihm zu erzählen was ich sah, und noch weniger, was ich wußte.

»Also ich wiederhole nochmals, jetzt bist du in einer festen Beziehung, die jetzt im Moment gegenwärtig ist, allerdings läuft diese auf Dauer nicht so, wie du es dir vorstellst. Es wird eine Unterdrückung geben, Schwierigkeiten von außen und eine andere Frau, die dich liebt. Fast würde ich auch sagen, diese Karte deutet auf Eifersucht.«

Es scheint, als ob ich einen Psychoknopf gedrückt hätte. Sofort bestätigt er mir, daß er extrem eifersüchtig ist und damit auch zu kämpfen hat. Nur das nicht, davon will ich nichts hören und wende mich sofort wieder der Kartenaussage zu. Schnell rede ich weiter.

»Ich kann dich aber beruhigen, es ist keine endgültige Trennung in den Karten mit dieser Dame. Es sieht nur so aus, vergiß nicht, die Trennungskarte ist nicht real, nur fiktiv. Vergiß es niemals«, wiederhole ich eindringlich mit leiser Stimme.

Verständnislos sieht er mich an, und denkt: Ob die das wirklich kann? Da ich spontan seine Gedanken aufnehme, schweige ich, und verziehe nur kurz die Mundwinkel. Konkret gehe ich zur Aussage zurück.

»Sicher ist, es gibt sehr viel Leid, Liebeskummer, ein ständiges Hin und Her, aber all das ist unwichtig, ein Lern- und Reifeprozeß, und die Trennung ist nie endgültig, egal, was passiert. Es wird ein Erfolg der kleinen Schritte, ein erarbeiteter Sieg, sein. Und dann wird es eine sehr glückliche Beziehung werden, denn am Ende der Kartenreihe liegt die Sonne.«

Dabei blicke ich ihn erwartungsvoll an, als müsse er doch wissen, was die Sonne bedeutet.

»Daß am Ende eine schöne Karte liegt, das sehe ich selbst«, sagt Sebastian und sieht mich dabei fragend an.

Solltest du tatsächlich die Dame in den Karten sein, bist du diese feste Beziehung, sollte es wahr sein, frage ich mich. Durch unsere offenen Antworten wissen wir beide voneinander, daß wir zur Zeit eigentlich solo sind.

»Über welchen Zeitraum liegen denn die Kartenaussagen«, hakt er, mittlerweile neugierig geworden, nach.

»So cirka eineinhalb bis zwei Jahre«, gebe ich zur Antwort und empfinde es sogleich als Lüge. Eigentlich wollte ich viereinhalb bis fünf Jahre sagen, was völlig unorthodox ist, denn normal sind es tatsächlich nur maximal zwei Jahre, wenn nicht wesentlich kürzer. Aber irgendwie fühle ich bereits zu diesem Zeitpunkt, daß auch das nicht stimmt.

Ein eigenartiges, beklemmendes Gefühl überfällt mich, fast wie ein Frösteln, kalt, dunkel, schwer. So wie heute Abend vor der Sternschnuppe, assoziiere ich. Nochmals schaue ich mir die Reihe intensiver an und stelle befriedigt fest, daß meine interpretierten Aussagen doch der Realität entsprechen.

Andererseits nehme ich durch das meditative Versinken in die Bilder vielerlei unterschiedliche Situationen und Umstände auf. Bilder, die beglücken und erschrecken. Dinge der Zukunft oder der Vergangenheit?

Viele Leben, ein Leben, verschiedene Jahrhunderte. Ein blondes Kind, fast transparent, durchscheinend, intensive seltsame Glücksgefühle, von unglaublicher Intensität, energievoll geladen, zu hohe Frequenz, kann nicht vom Körper aufgenommen werden. Gefühle, die Schmerzen, Leid verursachen. Sonne, Wasser, Wolken, Felder, blühende Wiesen in unwahrscheinlich intensiven Farben und überall Sonnenschein. Ein Paar, zart, verschwommen, in Licht gehüllt, von Energie umgeben, unsere Gesichter, unsere Gestalten, Lachen eines Kindes – es kommt mir so bekannt vor – verschwindet wie ein Trugbild.

Schlagartig wechselt die Szenerie; Dunkelheit, Kälte, Armut, Leid, Folter und Knechtschaft, Eisgebilde drohend bizarr, Schmerz, Trauer, Wehmut, Depression, Krankheit, Kummer, Elend, düstere Landschaft, karge Vegetation, in Lumpen gehüllte armselige Menschen – und wieder wir beide. Leid und Tod, Sterben. Wie Grabeskälte weht es mir ans Herz. Ganz schnell verscheuche ich diese Bilder, die aus meinem Unterbewußtsein ans Tageslicht drängen, als ob sie sich verselbständigt hätten. Im Moment möchte ich das nicht näher betrachten. Sie passen nicht in diese Nacht. Und dennoch eigenartig, alles erscheint mir bittersüß, auch das jetzige Beisammensein mit ihm.

Einige Fragen hin und her, alles nebensächlich, ohne Bedeutung, und so wechsel ich zum beruflichen Teil über, der sehr gut lesbar und sehr flüssig ist. Im Grunde genommen ist dabei alles klar. Sebastian bleibt in seiner Anstellung. Er hat gute Aussichten auf Erfolg und besseres Ansehen, was im großen und ganzen ein rundes Bild ergibt.

Mehr bin ich in dieser Nacht nicht bereit zu sagen und froh, die Karten weglegen zu können.

Verlegen nippe ich an meinem Kaffee, der bereits kalt ist, und harre der Dinge, die nun kommen sollen oder wollen. Unruhe macht sich in mir breit. Fast sitzen wir nun schon auf Tuchfühlung nebeneinander. Glitzern und Flackern in meinen Augen – ich spüre es –, das fast schon einem Begehren gleichkommt und nervöse, nicht stillzuhaltende Hände zerstören meine Ruhe vollends.

Lächeln, schüchtern, verlegen, ihn dabei ansehend, spiegeln meiner eigenen Begierde in seinen Augen. Oder täusche ich mich? Den Kopf zur Seite drehend, damit er nicht merkt, was ich denke. Das Gefühl, die Gedanken des anderen lesen zu können, drängt sich übermächtig auf. Doch zu spät!

Leicht, ganz sanft, umfassen seine Hände

meinen Kopf. Ist es ein Sinken, ein Fallen? Ein leidenschaftlicher und doch zärtlicher Kuß versiegelt meine Lippen und löscht alle Gedanken. Gedanken die sich jagten, die abwägten, für gut und für schlecht befanden, die nach Sitte, Moral und Anstand verlangten. Alles weggefegt.

Nur noch ein Fühlen, ein Fiebern, ein Verzehren, ein Spüren des anderen, ein Spüren des eigenen Selbst. Ein Brennen des Körpers, das alle Bedenken über Bord wirft. Ein Ausschalten des Verstandes, nur noch das Verlangen nach ihm und nach mir.

Nicht enden wollende Küsse mit fahrigen Händen, die selbständig ihren Weg suchen und denen nicht Einhalt geboten wird. Rausch, wilde, fast tierische Leidenschaft, gepaart mit übergroßer Zärtlichkeit. Hunger nach Liebe, Hunger nach Zärtlichkeit, Hunger nach Berührung. Begierde nach unseren Körpern, nach Vereinigung. Wir wollen uns tief in uns spüren. Wir wollen uns verschmelzen und nie mehr loslassen. Wir wollen, wir wollen, und tun es.

Erleichterung, fast schon Tränen der Erlösung – dieses Gefühl, ihn in mir zu spüren –, fast die Explosion der Gefühle. Die Befreiung, sein Eindringen in meine Scheide. Zunächst ein erlösendes Verharren, fast starr, eine Verschnaufpause, ein Auskosten des Gefühls. Unbeschreiblich, die ganze Skala des Glücks. Zärtlichkeit, ein Aufeinander-Eingehen, wieder Zärtlichkeit und ein rhythmisches Bewegen im Takt.

Ist es das erste Mal – einfach unvorstellbar –, es ist, als ob wir uns schon immer kennen, als ob wir uns schon immer lieben würden, so als ob wir nur vorübergehend getrennt gewesen wären. Ein tiefes Versinken in die Ekstase der Liebe, der Begierde, der Lust, und irgendwann – ohne Zeitgefühl – der Orgasmus, das letzte tierische Aufbegehren, Aufbäumen, Aufschrei der Lust.

Wortlose Stille, Übereinstimmung, Erschöpfung, klare Augen. Ein fragendes Ansehen des anderen, zuerst die stille Frage, dann wird es doch ausgesprochen. »Bist du glücklich, bist du befriedigt?« – Wie überflüssig – die stumme Frage: ›War ich dir gut genug, war ich besser als die anderen?‹ Sanftes Lächeln. ›Ja, du warst besser als die anderen, die Gefühle waren intensiver, ja, ich bin glücklich darüber‹, wobei wir uns zärtlich umarmen. Doch keiner spricht von Liebe, nur unsere Augen leuchten und spiegeln unsere Seele, auch unseren vorerst gestillten Hunger.

Während wir ruhig und entspannt auf der Couch liegen, eine Zigarette rauchen, weicht die lange Nacht dem ersten Morgengrauen, und die Realität holt uns ein, als ich das erste Mal auf die Uhr sehe. Fünf Uhr dreißig. Ich muß um zwölf Uhr bei meiner Mama zum Empfang sein. Einfach entsetzlich!

»Sebastian, ich glaube, du solltest jetzt gehen, ich will wenigstens noch ein paar Stunden schlafen«, sage ich zu ihm.

Die Frage, ob wir uns wiedersehen werden, wage ich nicht zu stellen, – er hatte doch alles, was er wollte – denke ich.

Spontan sagt er: »Ich schreibe dir meine Telefonnummer und die Adresse auf, damit du mich anrufen kannst. Ich wohne zur Zeit bei meinen Eltern. Wundere dich nicht, wenn meine Mutter am Telefon ist.« Sprach's und schrieb mir die Adresse auf ein Stück Papier.

Innerlich tobte ein Glückssturm der Gefühle, doch nach außen ließ ich mir nichts anmerken, rührte den Zettel nicht an und tat so unbeteiligt wie nur möglich.

»Du kannst mich ja mal anrufen. Du hast meine Visitenkarte«, werfe ich ein.

Kurz darauf klingelt der Taxifahrer. Ein zärtlicher Kuß zum Abschied.

Nun stehe ich allein in meiner Wohnung, in

einem inneren Aufruhr, den ich schleunigst zur Ordnung rufe.

›Lena, denk an den Empfang. Vergiß ihn, den siehst du doch nicht mehr‹. Selbstvergessen starre ich auf den Schnipsel Papier und bin fast gewillt, seine Adresse wegzuwerfen. Beim näheren hinsehen bemerke ich, er wohnt unmittelbar neben Mama, nur eine Straßenecke weiter.

Alles wohnt in diesem Stadtviertel. Ralph wohnt auch da, fällt mir auf. Mit gemischten Gefühlen denke ich an Ralph. Den hatte ich in den letzten Stunden total vergessen. Wie konnte das nur angehn, frage ich mich verwundert und beschämt. Er, Ralph – mein zweites Ich –, meine große Liebe. Ein Mann, genau so, wie ich mir ein Leben lang meinen Traummann vorstellte und ihn endlich vor einem halben Jahr fand. Unser Gleichklang der Gedanken, unsere gemeinsamen Interessen, unsere Vorlieben, unsere Schwächen, unsere Stärken. Sogar unsere Stimmen ähneln sich. Ralph, mein zweites Ich, dachte ich, das soll jetzt alles vergessen sein? Der einzige Nachteil war, er war nicht frei, obwohl auch er getrennt lebt. Und trotzdem, was jetzt passiert ist, das kann nur eine Verirrung sein.

Doch was ist Sebastian, weshalb fühle ich

mich so wohl? Weshalb ist kein schales, leeres Gefühl vorhanden wie sonst? Irgend etwas ist anders. Ich will es nicht analysieren. Wer weiß, was dabei herauskommt.

Mit diesem Wirrwarr an Gedanken und Gefühlen schlafe ich endlich ein.

Der Morgen

Das Telefon klingelt. Schlaftrunken angele ich nach dem Hörer. Welcher Verrückte ruft denn um diese Zeit an, denke ich, während ich mit einem Auge auf den Wecker schiele.

O Gott, halb acht, na ja, ich muß doch aufstehen, und ausgerechnet heute hätte ich mal so gern ausgeschlafen, räkele ich mich wie eine Katze in meinem Bett. Bin ich hundemüde!

»Sebastian van Dyke«, meldet sich eine angenehme Männerstimme. Schlagartig erwachen meine Lebensgeister.

»O Sebastian, guten Morgen, wie geht's dir denn?« Welch dusselige Frage, stelle ich im stillen fest.

»Du klingst so überrascht, ich wollte dich fragen, wie du den gestrigen Tag verbracht hast?«

»Gestern, äh'm. Ja, gut, wurde spät.«

»Hätte dich gerne bereits gestern angerufen, habe oft an dich gedacht. Mein Vater hat mir die Karten gelegt«, platzt er heraus.

»Na, ich hoffe, es war gut für dich«, lache ich mit erschreckten Gefühlen.

»Für uns«, erwidert er.

»Wie bitte? krächze ich mit flatternden Nerven.

»Kann ich dich heute abend sehen, bitte.«

»Wann?«

»Um 17.00 Uhr.«

»Ja, ich freu mich«, flüstere ich.

»Ich mich auch.«

»Tschüs!«

»Tschüs!«

Fassungslos starre ich die Muschel an, reibe mir die Augen und denke: Das kann doch nicht angehen, ist ja irre. Er will mich sehen, er hat mich auch vermißt, wie ich ihn. Wie oft hab' ich gestern an ihn gedacht. Und was hatte er noch gesagt, sein Vater hat ihm die Karten gelegt. Was er ihm wohl erzählt hat, klang er nicht merkwürdig am Telefon? Ach nein, das bildest du dir nur ein, spinn nicht rum, rufe ich mich zur Ordnung, und wieder will mich dieses merkwürdige Gefühl beschleichen.

Mit Elan werfe ich das Bettzeug zurück, renne in die Stube und reiße mit Schwung Ara dem noch schlafenden Papagei, das Tuch vom Käfig. Erschreckt flattert er auf und blickt verstört auf eine tanzende Lena.

Der Traum beginnt

Sebastian steht vollbeladen mit Taschen und Koffern in meiner Diele. Achtlos fällt alles zu Boden. Nichts ist wichtig, nur wir. Engumschlungen halten wir uns fest, vergessen Raum und Zeit, sind einfach nur glücklich, zusammen zu sein. Mia, meine Perserkatze, ruft uns in die Wirklichkeit zurück, indem sie um unsere Beine streicht und miaut. Als wir es endlich gewahr werden, sehen wir sie an und lachen. Wir denken, sie ist eifersüchtig. Vielleicht hat sie auch nur Angst, ihren Platz mit Sebastian teilen zu müssen.

Ich bin verliebt, ich gestehe es mir ein. Ich fühle, es ist, als ob ein neues Leben beginnt. Ach, was sag' ich nur, dem ist nicht so. Es fühlt sich vielmehr an, als wenn es etwas ganz Uraltes wäre, etwas, wonach man als Mensch immer gesucht hat und es nun plötzlich da ist. Wie eine Überraschung – und doch mehr als nur vertraut. Alles, was Sebastian sagt, handelt und tut, all dies hätte auch von mir sein können. Es waren die gleichen Gedanken, die gleichen Empfindungen und die gleichen Taten. Als ob zwei Menschen zwar -zig Jahre getrennt gelebt hätten, sich, nachdem sie sich gefunden haben, im Eilverfahren wieder aufeinander einspielen.

Es war die große Liebe unseres Lebens. Wir wußten es beide, und wir schworen, nie wieder auseinanderzugehen, für immer zusammen zu bleiben, egal, was auch immer kommen mag. Denn wir gehörten zusammen, das fühlten wir, das wußten wir. Wir fühlten und wußten, daß uns keine Macht der Welt irgend etwas anhaben könne, wenn wir zusammen sind. Wir hatten das Gefühl, stark, unendlich stark zu sein. Daran glaubten wir. Und ansonsten nur an uns.

»Laß uns ins ›Mylord‹ fahren, Lena, und wirf dich in Schale«, sagt Sebastian bestimmend.

Sebastian öffnet die Tür, läßt mir selbstverständlich den Vortritt, und wieder läuft vom Plattenteller der alte Song ›Another day in paradise . . .‹ Wie immer will ich mir einen

Platz an der Theke sichern, doch ich werde sanft umdirigiert und in den hinteren Teil des Lokals geführt. Mit ›Herzlichen Glückwunsch‹ werde ich von einigen engen Freunden empfangen. Sebastian sieht mich neugierig an und kann sich kaum das Lachen verkneifen. »Herzlichen Glückwunsch, zu was?«, frage ich.

»Wirst schon sehen, wart's ab«, werde ich von allen mit geheimnisvoller Miene abgewiesen.

Wir unterhalten uns, wir lachen viel und reden alle durcheinander. Ein wunderschöner Abend, bis ich merke, daß alle immer öfter auf die Uhr sehen. Vom Plattenteller erklingt gerade wieder unser Lied, und Sebastian fordert mich zum Tanz auf. Musik, die die Seele zum Träumen bringt und den Körper veranlaßt, in dieselbe mit einzustimmen. Es könnte ewig so weitergehen. Doch wie alles Schöne, so ist auch diese Melodie verklungen, und traumtänzerisch bewegen wir uns wieder unserem Tische zu.

Ich glaub' ich träume. Der Tisch über und über mit Baccara-Rosen übersät. Einige glitzernde Päckchen. Zwei Flaschen Champagner. Ein Kandelaber mit sieben weinroten Kerzen, deren Licht sich genau in dem Spiegel an der Wand bricht. Und in der Mitte des Tisches, auf einem zierlichen goldenen Tablett, ein kleines dunkelrotes geschlossenes Etui.

Christina, eine Freundin von mir, öffnet das Etui und hält es uns hin. Sebastian nimmt den für mich bestimmten Ring heraus und fragt: »Lena, willst du meine Frau werden, in guten wie in schlechten Tagen, mich immer lieben in diesem Leben, für alle Zeit und bis in alle Ewigkeit, so sage ja.«

Verwirrt, konfus, überrascht, überglücklich, erschlagen von dem Aufwand und gleichzeitig überfordert, sage ich einfach ja, obwohl mir nicht so ganz wohl dabei ist, was ich aber nicht erklären kann.

Langsam, Wort für Wort, wiederhole ich die Prozedur nun mit Sebastian, wobei mir Christina diesen bedeutungsvollen Satz in Einzelteile zerlegt.

Sebastian freut sich wie ein Kind, er scheint glücklich zu sein, und sagt zu mir: »Jetzt sind wir verlobt«, und zur Runde gewandt, »ach, und daß ich das nicht vergesse, wir heiraten demnächst; ihr seid zur Trauung eingeladen, wenn die Krokusse blühen«, setzte er hinzu.

Ein schlichter weißgoldener Ring mit sieben eingesetzten Diamanten ziert nun meine linke Hand. Ich fühle mich gut, wenngleich überrumpelt. Es war eine traumhafte Nacht, bis jemand aus dem Freundeskreis fragte, ob wir denn nur standesamtlich oder auch kirchlich heiraten würden. Ich meinte, ich könne auch kirchlich heiraten, denn ich wäre vorher nur standesamtlich getraut worden. Ich sei katholisch. »Ich auch«, sagte Sebastian, und davor war auch ich nur standesamtlich getraut. Also wäre eine kirchliche Trauung möglich. Doch ich sage dazu: nein!«

Dies war eines der härtesten, kältesten absolutesten Neins, die ich bis damals jemals vernommen habe. Ich verstand es nicht, fühlte mich verwundet, geschlagen, gedemütigt und verletzt. Auch meine Reaktionen verstand ich nicht, ich sah ihn nur fragend an. Doch sein Gesicht glich einer glatten Maske, kein Muskel rührte sich, und seine Augen hielten meine weiteren Fragen zurück. Dieser wunderschöne Traum hatte einen Riß erhalten, und ich konnte nicht mal erklären, warum und wieso. Mein Verstand war nicht in der Lage, es zu beantworten.

Sebastian hatte an alles gedacht, sogar an ein neues Namensschild und es auch gleich am nächsten Tage angebracht. Doch als ich von der Arbeit nach Hause kam, lag es auf den glatten Steinfliesen im Hausflur. Ich hob es auf und sah es lange nachdenklich an. Ein schlechtes Zeichen, ein Omen, und ich erinnerte mich an meine Wunsch-Pyramide. Meine Mutter hatte sie mir geschenkt. Sie meinte, ich solle mir meine Wünsche auf Zettel schreiben, sie sieben Tage darunter legen und sie dann vernichten beziehungsweise freigeben, damit sie sich erfüllen können.

Frohen Mutes ging ich an das Werk, schrieb meine Wünsche auf, richtete die Pyramide genau nach Gebrauchsanweisung aus und legte meine Wünsche darunter. Sie hatte ihren Platz im Wohnzimmer erhalten. Zu Beginn fand ich es ganz in Ordnung, doch je mehr Tage sich aneinander reihten, desto idiotischer kam ich mir vor und desto unsicherer wurde ich.

Eines Abends sprach Sebastian mich gezielt auf die Pyramide an und wollte nun unbedingt erfahren, was es damit auf sich habe. Nun hatte ich ein wirkliches Problem, ich konnte und wollte ihm nicht sagen, welche Wünsche ich darunter gepackt hatte, nämlich: einen Mann für mich allein, den ich liebe, der mich liebt und wir miteinander leben bis zum Ende unserer Tage. Er hielt mich sowieso für nicht so ganz normal. Ich hatte ihm zu viele Fähigkeiten. Geschickt versuchte ich das Ganze zu umgehen. Ich stieß die Pyramide mit dem Fuß um, bückte mich gleichzeitig und ließ die Wunschzettelchen unauffällig in meiner Hosentasche verschwinden. Danach erzählte ich etwas von Zierde für mein Wohnzimmer, worauf er mich zweifelnd ansah. Einerseits spürte ich ein leises Bedauern, daß meine Wünsche nur sechs Tage in der Pyramide überlebt hatten und nicht die vorgeschriebenen sieben Tage. Aber was soll's, im Grunde genommen, glaube ich doch nicht daran. Bestimmt alles nur Mumpitz.

Die sanften warmen Strahlen der Sonne scheinen genau in unsere Gesichter. Schlaftrunken, noch ganz benommen blicken wir in einen herrlich klaren Tag. Wie schön, daß wir heute mal ausschlafen dürfen, ein Tag ohne Termine, nur wir beide, und schon höre ich Sebastian sagen: »Lena, laß uns ans Meer fahren.«

Ich halte das für eine ausgezeichnete Idee und stimme sofort zu.

Die Autobahn ist frei, und in einer Stunde sind wir an der Nordsee, sehr erstaunt darüber, wie viele Menschen doch den herrlichen Tag genießen wollen.

Langsam, dick eingemummt schlendern wir zum Strand und lassen uns von der würzigen klaren Luft zu geistigen Höhenflügen inspirieren. Möwen picken in dem angespülten Schlick herum. Alles ohne Hektik, Angst oder Eile. Menschen gehen Hand in Hand oder umarmen sich. Alles ist so friedlich und still, nicht einmal das Gelächter der Kinder empfinden wir als störend. Ich teile ihm meine Gefühle und Eindrücke mit, worauf er nur lakonisch meint, das würde sich ändern, wenn wir später seine beiden Kinder dabeihätten. Diese würden schon für Trubel sorgen, doch ich solle mich nicht ängstigen, sie wären schließlich pflegeleicht.

Leise und bedachtsam spülen die Wellen ans Land. Es ist nachmittags, die Zeit der Ebbe.

»Lena, du hattest mich kürzlich gefragt, ob ich an das Schicksal glaube, und ich blieb dir vorerst die Antwort schuldig. Seit dieser Zeit habe ich mir viele Gedanken darüber gemacht.

»Ja, Sebastian, ich erinnere mich, du meintest nur: teils, teils. Das war mir zu pauschal dahergeredet. Deshalb versuchte ich für mich, das Wort Schicksal zu definieren.

Mein Lieber, ich glaube, daß es Augenblikke gibt, die schicksalhaft und entscheidend für den weiteren Lebensverlauf sind. Augenblikke, in denen man sich für hell oder dunkel, schwarz oder weiß entscheidet und versucht, diesen Weg zu gehen. Doch Schicksal zu erklären wäre für mich so, wie die unendlich vielen Facetten einer Seele von Anbeginn ihrer Reise zu beschreiben. Und dabei ist es nicht gesagt, daß wirklich alles Schicksal ist. Vielleicht ist vieles davon nur eine Möglichkeit, Bewußtsein in irgendeiner Form zu leben.«

Sebastian unterbricht mich und sagt: »Lena, kannst du mir nicht einfache Antworten auf einfache Fragen geben; philosophische Betrachtungen habe ich selbst genug in petto. Ich glaube daran, daß das Schicksal uns füreinander bestimmt hat. Lena, glaubst du an Glück, Bestimmung oder den Zufall?«

»Vermutlich gibt es Glück, Bestimmung, Zufall«, weiche ich aus, »aber nicht so, wie es ein großer Teil der Menschheit annimmt. Glück bedeutet für mich immer wieder erneutes Bemühen, ein Arbeiten an einer Sache, ein Nichtaufgeben. Denn wenn ich in meinen Bemühungen nicht nachlasse, es immer wieder versuche, werde ich irgendwann meine Ziele erreichen oder sie zumindest öfter erreichen als die Menschen, die nach dem ersten Mißerfolg die Flinte ins Korn werfen. Und immer sagen dann die lieben Mitmenschen: Die haben aber Glück!«

»Ja, das stimmt«, meint Sebastian nachdenklich, »und die Fehlversuche werden geflissentlich übersehen. Und wie kann ich erreichen, ein solcher Glückspilz zu werden?«

»Versuche die Einstellung desjenigen zum Leben zu ergründen, den du als Glückspilz bezeichnet. Mit entsprechend genauer Analyse wirst du immer wiederkehrende Eigenschaften an den ›Glückspilzen‹ feststellen.«

Also unternehmen wir gemeinsam den Versuch einen ›Glückspilz‹ zu klassifizieren. Welche Eigenschaften besitzt er? Wie handelt er? Wie denkt er? Was sind seine hervorragenden Merkmale? Wir zählen auf:

Mut – Risikobereitschaft – Ausdauer – positive Einstellung, a) zu sich selbst, b) zu anderen. Glaube an sich selbst, Glaube an Erfolg, Willen; nicht nur, ich möchte, könnte, wollte, sollte, sondern: Ich will und ich tue es, und ich schaffe es. Dort ist mein Endziel, das ich plastisch vor mir sehe. Und mit unermüdlicher Ausdauer gehe ich meine Etappenziele an, egal, wie klein die Schritte sind und wie mühsam es am Anfang erscheint.

Genau das ist das Problem, das viele Menschen haben. Die meisten davon haben irgendwo ein Ziel, doch das Ziel ist weit entfernt, und ihr Glaube an die Zielerreichung wird von anderen Einflüssen abhängig gemacht. Dies kann sich in Sätzen zeigen wie: Wenn ich im Lotto gewinne, dann kaufe ich ein Haus, oder ich mache mich selbständig. Immer träumen sie davon, Glückstaler in den Weg gelegt zu bekommen, von denen sie Erfolg oder Mißerfolg ihres weiteren Lebens abhängig machen. Ihre Programmierung dahingehend ist, daß sie es kaum bemerken, wenn ein Glückstaler vor ihren Füßen liegt. Leider sind ihre selbstzerstörerischen Gedanken so sehr von Mißerfolg geprägt, daß der Glaube an das Glück nur noch in lichten Augenblicken durchbricht. Dann fühlen sie sich kraftvoll und stark, erzählen, was sie tun werden, was sie sind, was sie können, was sie möchten und was sie erreichen werden. Nachdem sie lange genug darüber geredet haben, ist es, als ob dieser aufgeblasene rosa Luftballon immer mehr von den Winden gebeutelt wird, hier einen Baum streift, da gerade noch an den Wipfeln vorbeisegelt, um im Endeffekt von einem kleinen spitzen Stein getroffen zu werden, der nur mal kurz von einer Windböe aufgeschleudert wird. Und schon zerplatzt der rosa Luftballon.

Stundenlang könnten wir noch so laufen und immer weiterreden, doch unser Magen meldet sich zu Wort. Wir beschließen Essen zu gehen. Ein schönes rustikales Lokal, der ›Friesenhof‹. Ob der voluminösen Speisekarte entscheiden wir uns für die Friesenpfanne, die auch hervorragend schmeckt. Zu unserer Überraschung bringt uns die Bedienung einen Friesengeist. Feierlich zündet sie den Geist an und sagt gekonnt ihren Spruch auf:

›Wie Irrlicht im Moor,
flackert`s empor
lösch aus, trink aus
geniesse leise,
auf echte Friesenweise
Dem Friesen zur Ehr
vom ›guten Geist‹ mehr.‹

Uns ist ganz feierlich zumute. Wir trinken ihn aus, sehen uns tief in die Augen und denken beide dasselbe: auf unseren guten Geist!

Sebastians Kampf

Später, viel später, hat Sebastian mir von seinen Kämpfen mit sich selbst erzählt, die er damals nicht verstanden hat. Die Erklärungen, die ich dafür zu bieten hatte – ich sprach von multiplen Persönlichkeiten – verschiedenen Ichs – mehreren Seelen – war ihm mehr als suspekt. Da er meine Erklärungsangebote indiskutabel fand, bestand er darauf, mir diese eine Nacht –, die stellvertretend für viele Situationen stand – in allen Einzelheiten zu schildern. Es fiel ihm schwer, denn er tauchte in das Geschehen ein, als ob es sich just in diesem Augenblick ereigne.

»Gerade haben wir ein paar sehr glückliche und innige Stunden im Bett verlebt, doch ich, Sebastian, fühle mich nicht glücklich. Nachdenklich runzele ich die Stirn. Eigentlich müßte ich glücklich sein.

Nach diesen zauberhaften Stunden, bin ich denn ein Narr? Sie ist nicht nur eine fantastische Geliebte, sie ist auch eine sagenhafte Frau. Alles, was ich immer wollte, alles, wonach ich immer suchte. Bei ihr hab' ich alles. Alles, wirklich alles? nistet sich ein zweifelnder Gedanke in mein Gehirn ein.

Zum Teufel, was hast du nur, schimpfte ich mein zweites Ich. Du solltest glücklich und zufrieden sein, statt dessen läßt du dir die Laune von solchen Gedanken vergiften. Paß auf, mach nicht so weiter, du weißt, wo das hinführt.

Meinen Verstand auf völlige Ratio schaltend, quäle ich mir ein Lächeln ab, das sicher nur einer schiefen Grimasse gleicht, während die Nervenanspannung in erheblichem Umfang zunimmt – ähnlich einem Luftballon kurz vorm Platzen – und meine Kieferknochen aufeinandermahlen, unfähig, weder das sichtbare Pulsieren meiner Halsschlagader noch das merkwürdige Zucken der unteren Gesichtshälfte zu unterdrücken. Leider weiß ich, daß sich diese Symptome in ähnlicher Form auf meinen ganzen Körper übertragen – vor allem an Händen und Armen –, deshalb versuche ich mich zu beherrschen, welches den Strom, unter dem ich stehe, nur noch verschlimmert. Meine Hände verkrampfen sich mittlerweile zu Fäusten.

Zum Lachen ist mir nicht mehr zumute – und wie hatte ich vorhin gelacht; richtig frei und gelöst. War das vor hundert oder gar vor tausend Jahren? Ich weiß, ich neige zu Übertreibungen, analysiere ich mich spöttisch und mitleidslos. Hundert oder gar tausend Jahre. Hm . . . jedoch will ich diesen Gedanken jetzt nicht weiterspinnen, sonst kommt wieder nur Unsinn heraus.

Hastig ziehe ich an meiner Zigarette, wieder und wieder. Raus hier, raus – war das eben ich, habe ich das etwa laut gesagt? Erschrokken werfe ich ihr einen Blick zu, der einzige Gedanke, der mich momentan beherrscht, ist:

Paß auf, sie ist nicht dumm, sie merkt, was los ist, reiß dich zusammen. Was solltest du auch erklären . . .? Sie hat es nicht verdient. Sie sieht mich schon fragend an. Achtung, vielleicht liest sie wieder deine Gedanken. Kann sie es wirklich, ist wohl noch die große Frage, alles nur purer Zufall.

Ich kann diesen Blick nicht ertragen, nicht diesen – keine kann so gucken wie sie.

O Gott, ich komme mir langsam schizophren vor – verdammt wohin mit meinen Händen – ohne Zigarette. Sofort zünde ich die nächste an. Bin ich verrückt, das ist doch nicht normal. Krampfhaft versuche ich, mir die traumhafte Liebesstunde von vorhin vorzustellen, doch ich fühle mich leer und empfinde die Wut um so deutlicher in mir hochsteigen; sie droht mich in einer großen Woge zu überschwemmen.

Ich könnte ihr den Hals umdrehen! Warum nur? Sie hat mir doch nichts getan. Doch, sie hat dich verraten, und ich koche innerlich. So ein Blödsinn, entspricht doch überhaupt nicht der Realität. Sie liebt dich, ja, sie liebt dich, ist ja beinahe schon wie eine Klette, denke ich boshaft. Sie betet dich an und liest dir jeden Wunsch von den Augen ab.

Vielleicht ist sie zu gut für dich?

Und was bin ich – ihr Henker –, dröhnt es in

meinem Kopf. Unsinn! Warum kann ich nicht glücklich sein? Warum kann ich es nicht annehmen, wie es ist, warum will ich sie fertigmachen?

Erschrocken rufe ich meine Gedanken zur Räson. Wen will ich fertigmachen? Etwa sie? Hasse ich sie?

O Gott, nein – ganz bestimmt nicht. Ich schwöre es! Ich liebe sie.

Immer leiser wird meine innere Stimme, immer entsetzter mein Ich.

Vielleicht bin ich doch verrückt? Ist nicht jeder Mensch ein wenig verrückt, könnten wir als ›Normale‹ mit unseren chaotischen Zuständen überhaupt fertig werden, bei dem allem muß man ja überschnappen, versuche ich meine zwiespältigen Gefühle zu rechtfertigen. Was versteht man genau unter dem Wort Schizophrenie? Das muß ich morgen unbedingt im Lexikon nachlesen, oder sollte ich lieber gleich ein Fachbuch darüber kaufen?

Bei mir muß es sicher sehr schlimm sein!

Sebastian – kämpft gegen – Sebastian?

Mit ihren großen rauchblauen Augen sieht sie mich an und sagt mit leiser, sanfter Stimme.

»Sebastian, willst du uns hier einräuchern? Bist du nicht auch müde?«

Verständnislos, wie aus weiter Ferne, doch langsam aggressiv werdend, starre ich sie an. Dies klingt nicht nach einer Frage, dies Wörtchen ›auch müde‹, dies klingt nach eindeutigem Befehl, du hast müde zu sein, beurteile ich jede Silbe ihrer Wörter und jede noch so veränderte Tonlage in ihrer Stimme.

»Wieso«, frage ich mit scheinheiligem Grinsen zurück. Spüre, wie sich meine Augen zu Schlitzen verengen, könnte sie erwürgen. Ich hasse dich, schreie ich lautlos und grinse immer noch. Krampfhaft bemühe ich mich, ruhig zu bleiben und klare Gedanken zu bekommen.

Wird sie denn niemals wütend, warum ist sie nur immer so gelassen, das ist doch nicht normal, das ist doch verrückt. Oder vielleicht ist sie verrückt, und ich bin normal? Oft nenne ich sie ›meine kleine Irre‹. Selten eine Reaktion von ihr, nur Lächeln – chinesenhaft. Dauert nicht mehr lange, dann hat sie bestimmt Schlitzaugen. Doch ernstlich frage ich mich, weiß ich denn, was sie wirklich denkt. Ist das alles echt? Ist sie glücklich, wenn sie es sagt, oder spielt sie nur Theater? Aber nein, beantworte ich mir meine selbstgestellten Fragen, das glaube ich nicht, habe sie doch getestet – und wenn sie es gemerkt hat – ach Schwachsinn – kann sie gar nicht gemerkt haben.

Sprunghaft stürze ich aus dem Bett und ringe mir die Worte ab: »Muß noch mal ins Bad, entschuldige bitte.«

Aufatmend lehne ich hinter der ehemals weißgestrichenen Tür des Badezimmers, die nun im Laufe der Jahre vergilbt ist.

Es müßte auch mal wieder neu geweißt werden, starre ich gedankenverloren zur Decke, und dieses häßliche Blau der Fliesen. Warum habe ich immer das Glück, blaue Badezimmer zu erwischen. Sabines Bad war auch blau, welch ein Schwachsinn – war –, ich meine, es ist blau. Sie ist doch nicht tot, und das Bad gibt es sicher noch. Weshalb sollte es sich in der kurzen Zeit verändert haben, frage ich mich verwundert.

Sabine, lasse den Klang ihres Namens Revue passieren. Sogleich steigen Bilder hoch, glücklich lachend und unbeschwert. Nur noch schöne Erinnerungen sind vorhanden. Träume von Gebilden, die sich Sehnsucht nennen. Hat sie jetzt einen anderen, der sie umarmt? Dabei spüre ich, wie dieser Gedanke sich qualvoll in meinem Gehirn einnistet.

Ernüchtert, wie so oft in den letzten Tagen, sehe ich mich um und frage mich: Was zum Teufel willst du hier? Was suchst du?

Glück und Zufriedenheit, gestehe ich mir

nach längerem Zögern ein. Und, hast du es? Nein, aber dafür Aggression, Wut, Hass, Bitterkeit und genug Geld für die Flasche. Wieso macht Lena das mit? Oft genug spürt sie deinen Sarkasmus und deine ironische Art. Nie reagiert sie darauf, immer nur in der ihr gleichmütigen Art. Nie wird sie wütend. Sie macht keine Fehler. Doch, durch irgend etwas – bin mir sicher: es gibt etwas – muß auch sie zu erschüttern sein, dieser glatte Fels.

Heute Abend, da hatte ich sie fast soweit, da machte ich sie vielleicht madig. Die muß sich vorgekommen sein wie der letzte Dreck, so wie ich die behandelt hab'. Und was hatte ich davon? Nichts, das sich verwenden ließ. Nichts, woraus sich hätte ein Streit provozieren lassen. Warum hab' ich sie nur nicht weiter gequält? Warum hab ich mich durch ihre tränenerfüllten Augen stoppen lassen? Diese verdammten Augen, denke ich wütend, die zogen mich von Anfang an schon an. Hab' sie dann sogar in meine Arme genommen und getröstet. Idiot, der ich doch bin, dabei wollte ich nur, daß sie mir einen Anlaß bietet, damit ich gehen kann, damit ich endlich wieder aus ihrer Wohnung ziehen kann. Warum macht sie es mir nur so schwer?

Wie konnte nur passieren, daß ich mich mit

ihr verlobt hab! ›Verlobt ist gfoppt oder verlobt ist sichergstellt und weitergsucht‹ hat meine Oma schon gesagt. Und dann, zu allem Überfluß, sie auch noch gefragt, ob sie mich heiraten wolle; und sie, sie sagt auch noch ja! Und jetzt – dieser verdammte Abend im ›Mylord‹ – ich muß raus, beschließt der letzte Rest von Vernunft oder das, was ich dafür halte, sonst bin ich in vier Wochen verheiratet. Irgendwie werde ich es morgen sagen, nehm' ich mir vor und fühle mich augenblicklich erleichtert.

Weshalb bin ich nicht sternhagelvoll – bei dem Alkoholkonsum der letzten Tage – ach was, letzten Wochen? Auch sie sagte mir zu Anfang unseres Kennenlernens, – sie vertrage keinen Alkohol – na ja, ich weiß nicht, die verträgt 'ne ganze Menge für 'ne Frau.

Vier Stunden Schlaf, dann muß ich schon wieder in die Firma, bin ich müde! Mit der komm' ich nie ins Bett, entweder Sex oder Diskussion. Wenn das so weitergeht, verlier' ich noch meinen Job.

Unbeteiligt, als ob ich eine fremde Person betrachten würde, sehe ich meine Hände an, die sich zu Fäusten ballen. Schon wieder, denke ich resigniert.

Im Dunklen schleiche ich mich ins Schlafzimmer zurück, in der Hoffnung, jegliche Konfrontation mit ihr zu vermeiden. »Schläfst du schon«, frage ich leise. Keine Antwort von ihr. Kritisch versuche ich ihre ruhigen Atemzüge zu analysieren, schläft sie wirklich, oder tut sie nur so? Könnte echt sein. Ich fühle mich erleichtert. Vorsichtig, um sie auf keinen Fall zu wecken, drehe ich mich zur Seite, in der Hoffnung, den nun so nötigen Schlaf zu finden. Wenn ich jetzt eine Zigarette anzünde, wird sie dann wach? Aggressiv werdend, unterdrücke ich meine Lust aufs Rauchen, logo, auch noch Durst!

Wälze mich unruhig von einer Seite auf die andere – während der Zeiger der Uhr unerbittlich schon wieder die nächste Viertelstunde anzeigt und mir dadurch höhnisch grinsend klarmacht, daß ich morgen wieder nicht ausgeschlafen sein werde. Ich hasse die Uhr, könnte sie zerschlagen, hasse den Weckdienst, dies Zimmer, die Wohnung, und ich hasse sie.

Vorsichtig erhebe ich mich und gehe leise wie auf Zehenspitzen aus dem Zimmer. Diese verdammte Tür, warum knarrt sie nur so laut? Müßte auch mal wieder geölt werden!

Am besten, du bleibst gleich wach, lohnt sich so oder so nicht mehr, wieder ins Bett zu gehen. Erst einmal eine Zigarette und was zu trinken – tut gut. O, wie passend dieser Text von Achim Reichel.

›Beim ersten Mal tut es noch weh . . .‹

Wie mach' ichs am besten, soll ich ihr's sagen? Ach, Quatsch, diese Gelegenheit hab' ich doch heut' selbst versaut. Mach's wie immer: Geh, wenn sie nicht im Haus ist. Einfach so!

Morgen hat sie doch tagsüber Termine, da ist sie mit Sicherheit nicht im Haus. Ganz schön feige von dir. Was soll's, dann tu ich ihr wenigstens nicht weh, verteidige ich mein Verhalten. Aber sie liebt dich doch, und du? Liebst du sie nicht auch, das sagtest du doch? Was ist mit dir los?

Erstaunt kann Sebastian zwei Sender in seinem Kopf vernehmen, wobei einer den anderen zu übertönen versucht. Neugierig geworden, hört er dem Dialog zu. Witzig, wie die sich über mich unterhalten.

Ach Mist, was will die nun schon wieder hier, denke ich.

»Sebastian, Liebling, kannst du nicht schlafen«, höre ich sie. Fragend sieht sie mich an und nimmt sich eine Zigarette.

»Ich wollte nur noch etwas Musik hören«, verteidige ich mich. »Willst du etwas trinken«, versuche ich abzulenken.

»Nein, laß mal, Sebastian, du mußt doch morgen in die Firma . . . und auch ich habe einen vollen Terminkalender.«

Vielleicht, nein, sicher hat sie recht, ich sollte versuchen zu schlafen. Und wenn ich dann verschlafe, stellt sich mir die bange Frage, wie lange macht meine Firma dieses Verschlafspielchen noch mit?«

»Wo kommst du denn her? Schön, daß du schon da bist, ist ja toll, oder ist was passiert, ist doch erst 13.30 Uhr«, überfällt mich Lena in der Eingangstür mit ihren Fragen.

»Ich denke, du hast heute Termine«, weiche ich geschickt aus. »Einige haben sich verschoben, ist das nicht super«, meint sie freudestrahlend.

Und wie super, einfach genial, fluche ich innerlich. »Machst du uns Kaffee«, versuche ich dem ganzen Fragenkatalog ihrer Augen auszuweichen und fühle mich ratlos. Ich will doch mit meinen Klamotten verschwinden! Einfach so! Die ist doch einfach unberechenbar, sogar bei den simpelsten Sachen, nicht mal da reagiert sie so, wie ich es plane. »Na, du entwikkelst dich noch zur perfekten Hausfrau, hast sogar das Geschirr abgeräumt«, spöttele ich, nur um etwas zu sagen, nicht antworten zu müssen, und lasse mich dabei auf der Kücheneckbank nieder.

Voller Anspannung halte ich die kostbare Tasse aus Meißner Porzellan – wofür mir heute jeglicher Schönheitssinn fehlt – mit dem frisch aufgebrühten duftenden Kaffee in meinen Händen, und innerhalb kürzester Zeit füllt sich der Ascher mit halb aufgerauchten Zigaretten.

Dieses Miststück, denke ich, sieht mich nur fragend an, läßt mich kommen, und ich, ich weiß nicht, wie ich's ihr sagen soll. Weshalb nehme ich nur soviel Rücksicht auf sie? Ist es denn richtig, was ich vorhabe, oder ist es falsch, fange ich an zu zweifeln. Ach, ich weiß gar nichts mehr! Zerrissen und voller Qual streife ich mir mit zittrigen Fingern durch meine Haare, halte mitten in der Bewegung inne, sehe sie direkt an und sage: »Lena, ich ziehe aus.«

Totenstille!

Lieber Gott, hilf mir, flehe ich in Gedanken, bin mir aber gar nicht bewußt, Gott anzurufen. Hat sie es begriffen, hat sie mich gehört? Sie reagiert nicht.

Lauernd beobachte ich sie, auf der Hut, es muß doch eine Reaktion kommen. Bin auf alles gefaßt, wirklich alles, auch darauf, daß sie einen Tobsuchtsanfall bekommt und ihr kostbares Meißner durch die Gegend fliegt. Wie wird sie tatsächlich reagieren, nüchtern, sachlich oder voller Emotionen? In Bruchteilen von Sekunden spiele ich alle eventuellen Möglichkeiten durch und auch meine entsprechenden Paraden. Ich bin auf alles gefaßt.

Während ein Teil von mir unter unerträglicher Spannung steht, ist mir, als ob der zweite Teil nicht zu meinem Wesen gehören würde; so klar und sachlich beurteilt er die Lage. Fast, als ob Sebastian – Sebastian zusieht.

»Lena«, spreche ich sie an, warten – endlos, wie mir scheint, bis eine Antwort kommt, was meine Nervosität nur noch mehr steigert.

»Ja.«

»Lena, ich sagte, ich ziehe aus.«

Aha, endlich fällt der Groschen, denke ich, unbarmherzig geworden. Mit fahrigen Händen zündet sie sich eine Zigarette an und schenkt sich einen Kaffee nach. So eine Unverfrorenheit – warum sagt sie nichts? Wäre sie nicht kalkweiß im Gesicht und das Lächeln in den Mundwinkeln zu Eis gefroren, ich schwöre bei Gott, kein Mensch würde ein Erdbeben in ihrem Innern vermuten. Doch ein bißchen kenne ich sie schon.

»Wieso«, fragt sie nur mit tonloser Stimme – die einer zerrissenen Gitarrenseite ähnlich klingt und sieht mich dabei offen und fragend an. Immer noch hart, denke ich mir: Jetzt zerlegt sie dein Innenleben in sämtliche Einzelteile. Deine Knochen, Muskeln, Organe und halt, nicht zu vergessen, deine Psyche, vermutlich kommt die als erstes dran. Belustigt über diesen Einfall, versuche ich mir das Ganze auf einem großen Haufen aufgeschichtet vorzustellen und frage mich, ob sie dann auch in der Lage sein würde, es wieder funktionabel zusammenzusetzen?

Ich, der im Wachzustand kein Blut sehen kann, befasse mich mit solchen Gedanken. Mich schaudert bei dieser perversen Abschweifung.

Augenblicklich befinde ich mich wieder in der normalen, aber durchaus nicht weniger prekären Situation. Würden ihre Augen nicht verdächtig feucht schimmern, ganz sicher hätte ich das Gefühl, mit einer Wand zu reden, doch so weiß ich wenigstens, daß sie mir zuhört.

»Willst du sofort packen«, fragt sie mich.

»Ja, ich ziehe zu meinen Eltern«, füge ich hastig, wie um Entschuldigung bittend, hinzu.

Warum entschuldigst du dich, denke ich ärgerlich.

»Ich helfe dir beim packen.«

Fassungslos sehe ich sie an und springe auf, indem ich heftig den Kaffeetisch zur Seite schiebe. Die schwarze Brühe schwappt aus der Tasse und rinnt zuerst eilig, dann langsam in kleinen Tropfen auf die weißen Küchenfliesen; von uns nicht weiter beachtet, als wollten sie uns sagen: nichts überstürzen, nur keine Hektik, langsam . . .

Doch wir können nicht mehr hören, sind taub für feine Klänge. Zu viele Sender auf unterschiedlichen Frequenzen schwimmen ständig ineinander und spielen in unseren Hirnen mehrere Programme gleichzeitig ab.

Ist es richtig, was ich tue, ich weiß es nicht! Nur nicht nachdenken. Hastig, wie in Panik, raffe ich meine Sachen zusammen, zerre an meiner Elektronik herum, nichts geht schnell genug. Rase wie ein Wirbelwind durch die Wohnung, fasse hier was an, fasse dort was an und lasse es wieder fallen, systemlos und unkoordiniert. Sehe erstaunt, mit welcher Gelassenheit und Akribie sie meine Hemden zusammenfaltet und in dem Koffer verstaut. Bin nicht fähig, sie anzusehen, würde sie vermutlich in meine Arme schließen – und wäre wieder gefangen. Nein, ich bin kein Gefangener, bin ein freier Mensch, treffe meine Entscheidungen selbst, palavere ich mit mir.

Nachdem alles im Auto verstaut ist und ich nochmals hochkomme, um zu kontrollieren, ob ich auch nichts vergessen habe, stehen wir uns an der Wohnungstür gegenüber. Zwei armselige Gestalten, denen man den Streß der letzten Stunde deutlich ansieht.

Ausgelaugt, unfähig zu irgendwelchen Empfindungen, reiße ich sie doch noch in meine Arme, küsse sie wie ein Ertrinkender, klammere mich an sie, würde am liebsten alles rückgängig machen, sie am liebsten nie mehr loslassen und stammle in höchster Not – während ich sie mit schmerzverzerrtem Gesicht ansehe: »Lena, ich weiß nicht, ob es richtig oder falsch ist, ich weiß gar nichts. Ich liebe dich, vielleicht komm ich wieder!«

Mich abrupt umdrehend, keine Antwort abwartend, eile ich die Treppen hinunter. Völlig fertig mit den Nerven, ohne einen Blick auf das Haus zu werfen, in dem ich vier Wochen glücklich war – wirklich –, starte ich den Wagen durch und jage mit aufheulendem Motor davon.

Weder mit – noch ohne Sebastian

Eigentlich stehe ich neben mir. Ich fühle nichts, einfach nur Leere. War ich denn nicht glücklich mit Sebastian? Wenn ja, warum breche ich dann nicht zusammen? Ich denke, ich bin nicht bereit, es zu glauben und außerdem kann es nicht sein, daß das alles war. Ich beschließe, es nicht zu akzeptieren. Bestimmt kommt er wieder zurück.

Und was nun? Einfach so tun, als ob nichts gewesen wäre. Guter Vorsatz, doch egal, wo ich hinsehe, sehe ich ein Stück oder eine Lücke von ihm. Scheußliches Gefühl.

Versuche mich abzulenken, indem ich mich in die Arbeit stürze, doch auch die macht plötzlich keinen Spaß. Irgendwie vergeht die Zeit, die Tage, die Wochen, wobei alles so sinnlos erscheint. Ab und zu ruft er an, immer wieder werden meine Wunden aufgerissen, und immer wieder versuche ich diese wieder zu heilen. Die Kraft, zu fordern, daß er seine Anrufe einstellt, fehlt mir, denn wenn ich ein paar Tage nichts von ihm höre, werde ich unausstehlich. Es gelingt mir nicht, ihn zu vergessen, was in der Tat für mich sehr ungewöhnlich ist. Wenn früher etwas zu Ende war, war es auch vorbei, und ich verschwendete keine weiteren Gedanken oder Gefühle daran. Mit Sebastian allerdings gibt es anscheinend etwas, was uns verbunden hält. Wir leiden beide.

Schluß mit den Grübeleien. ›Sorgen fressen

Seele auf‹, denke ich. Stimmt, bekräftige ich laut und deutlich. Schluß damit! Augenblicklich habe ich Hunger und spüre zugleich meinen knurrenden Magen. Ein Blick in den Kühlschrank: herrje, schlimmer als sonst, da würden ja glattweg meine Mäuse verhungern. Also beschließe ich, noch etwas einkaufen zu gehen.

Die Luft ist klar und kalt. Macht nichts, ich gehe zu Fuß, beschließe ich und hoffe, daß mein Gehirn danach auch wieder klar sein wird.

Mit quietschenden Reifen bremst ein Wagen seine Fahrt mitten auf der Kreuzung ab. Heftig zucke ich zusammen. Ich stehe wie angewurzelt. Ruckartig wird die Beifahrertür aufgestoßen. Sebastian sagt: »Steig ein, ich bring dich nach Hause.« In aller Seelenruhe, mit der größten Selbstverständlichkeit, als ob er mich nicht verlassen hätte, fährt er mich nach Hause, trägt mir die Einkaufstasche hoch, entledigt sich seines Trenchcoats, geht ins Wohnzimmer und stellt Musik an.

»Was möchtest Du trinken«, frage ich und rechne eigentlich damit, daß er etwas Alkoholisches verlangt. Doch, o Wunder, er will Kaffee. Auch gut, denke ich und mache welchen.

Wir reden und reden, immer mehr kommt das Gespräch in Gang, immer freier und unbefangener wird die Stimmung, auch ohne Alkohol. Die Stunden fließen dahin, es wird dreiundzwanzig Uhr, es wird null Uhr, es wird zwei Uhr, bis er sagt: »Willst du es nochmal mit mir versuchen? Lena, ich liebe dich. Ich kann ohne dich nicht leben!«

»Ja, ich liebe dich auch, Sebastian«, höre ich mich glücklich sagen und falle in seine Arme, wobei ich die dunklen Schatten, die just in diesem Augenblick drohen, übermächtig groß zu werden, mit einer einzigen herrischen Gebärde verscheuche. Das wäre ja noch schöner, mich gerade jetzt in diesem kostbaren Moment von irgendwelchen düsteren Stimmungen einfangen zu lassen. Nein, beschließe ich, es ist alles gut. Ihr seid beide vereint, so sei es.

Sebastian bleibt über Nacht.

Wunscherfüllung durch Pyramide

Unerbittlich langsam rückt der Zeiger der Uhr voran. Wie wird es wohl sein? Ich als Mutter? Heute werde ich Sebastians Kinder kennenlernen. Saskia und Kevin. Acht und sieben Jahre alt. Wie soll ich mich verhalten? Warum mach' ich mich nur so verrückt?

Gestern fing ich an, die Wohnung zu putzen, obwohl die Reinemachfrau vor zwei Tagen erst da war. Was will ich dadurch nur beweisen? Stehe doch nicht in einer Klausur, und Noten bekomm ich auch nicht. Es sind doch nur Kinder. Wie abfällig das klingt, es sind seine Kinder, nur das allein zählt. Und was ist, wenn sie dich nicht mögen, schlimmer noch, dich ablehnen?

Seit Stunden quälen mich diese Gedanken. Wenn mich meine Mitarbeiter so sehen würden, würden sie mich sicher nicht verstehen, sondern nur den Kopf schütteln. Auch nützt es nichts, daß mich Sebastian liebevoll in den Arm nimmt und mir zum hundersten Male versichert: »Meine Gören sind pflegeleicht, mach dir keine Gedanken, ganz bestimmt werden sie dich lieben, denn sie spüren doch, daß ich dich liebe, also werden sie es auch tun.«

»Halt mich fest, ganz fest«, bitte ich, selbst wie ein kleines Kind, und flüchte mich nur zugern in seine Arme. Aber auch ihm kann ich eine gewisse Nervosität nicht absprechen, obwohl er sie geschickt zu verbergen versucht. Trotz allem gleitet sein prüfender Blick durch alle Räume, und hier und da wird noch etwas zurechtgerückt.

Ich glaube, er ist froh, als es endlich Zeit ist, die Kinder zu holen. Und ich sitze untätig herum, rauche eine Zigarette nach der anderen, springe auf, laufe zum Fenster und warte voller Ungeduld auf seine Rückkehr. Ich hasse Untätigkeit und auch Warten, aber diesmal bin ich dazu verdammt, denn es gibt absolut nichts mehr, was ich noch verbessern könnte. Sicher, ich könnte mich beschäftigen, ein Buch lesen oder irgend etwas anderes tun. Es ist egal, was, zu allem fehlt mir die Lust und Laune. Nein, stimmt nicht, die Ruhe fehlt. Vergleichbar mit einer überdimensionalen Sanduhr, deren Zeitfaktor ich nicht kenne, noch bestimmen kann. Der würdest du gebannt zusehen, wie der feine, gekörnte Sand unaufhaltsam nach unten rieselt, und dann, was passiert, kommt das Fallbeil hinterher oder passiert gar nichts? So hilflos komme ich mir vor. Hilflos, jetzt hab ich es, schwelge ich in Selbstmitleid. Hilflos ist das richtige Wort – wie seine Marionette – setze ich in Gedanken schnell hinzu und sehe mich als Puppe auf der Bühne tanzen, nur weil der Meister sehr geschickt an verschiedenen Fäden zieht. Lena, hast du schon mal etwas von Gedankenkontrolle gehört, rede ich leise mit mir selbst, und versuche den Müll, den ich produziere, wieder loszuwerden.

Motorengeräusch in unserer Straße; das kann nur Sebastian sein. Lena, du spinnst, jede Minute oder Sekunde fährt ein Auto durch diese Straße, hält mir mein Intellekt vor. Nichts desto trotz, springe ich auf und eile zum Fenster. Platt drücke ich meine Nase gegen die blitzblanke Scheibe. 1 : 0 für meinen Instinkt gegen Intellekt.

Mit neugierigen Blicken beobachte ich die Ausräumaktion meines Freundes. Kinder, Taschen, Spielzeug, Tüten – Himmel, was noch alles, denke ich. Routiniert leitet er jedes Kind zur Mithilfe an. Wie mir scheint, ist das ein recht unbefangenes Verhältnis zwischen den Dreien. Sie lachen ja, nehme ich erstaunt zur Kenntnis. Sollen sie etwa nicht, frage ich mich perplex ob meiner kuriosen Gedanken.

Soll ich nach draußen stürzen, soll ich hier warten oder soll ich den Türöffner drücken? Meine Gedanken wirbeln durcheinander und ich suche nach Möglichkeiten, die sich mir in der augenblicklichen Situation bieten. Langsam rufe ich mich zur Ordnung, muß ja nicht jeder merken, wie fahrig du bist. Also, erst einmal drückst du den Türöffner, – gehe logisch vor – dann wartest du bis sie hereingekommen sind, und dann, was dann?, frage ich meinen Verstand. Du wirst sehen, wird alles von selbst gehen, wird schon gut werden, tröstet er mich. Zweifelnd höre ich dieser sachlichen Argumentation meines Gehirnes zu, komme aber nicht umhin festzustellen, daß ich schweißnasse Hände habe. Wie ›Pik-Sieben‹, verspotte ich mich, als ich in der geöffneten Eingangstüre stehe. Aufgeregt höre ich dem Gepoltere zu, das sich immer lauter werdend die Eingangstreppen heraufwälzt.

Fröhliche, lustige Stimmen, deren Sätze ich aber noch nicht verstehen kann. Als sie mich erblicken, stoppen sie verlegen und unsicher, und gehen dann langsamen Schrittes auf mich zu.

Fast überfalle ich sie schon in der Diele. »Hallo, ich bin die Lena, kommt erst mal rein.« Bin ich froh, die Tür schließen zu können. Obwohl ich weiß, daß wir keine allzu neugierigen Nachbarn haben, kann ich mich nicht des Gefühls erwehren, hinter jeder Gardine blitzen Augenpaare, die erwartungs- und heischungsvoll die Szene von Beginn an verfolgten.

Hilfesuchend sehe ich Sebastian an, aber der scheint nicht bereit zu sein, mir zu helfen. Im Gegenteil, ich habe den Eindruck, er weidet sich an meiner Situation mit fatalistischer Unverfrorenheit. Wenigstens schiebt er die Kinder noch einen Meter auf mich zu.

»Also du bist die Saskia«, sage ich und reiche ihr die Hand zur Begrüßung, die sie artig ergreift. »Und du der Kevin« – Himmel, fast hätte ich die Namen vergessen. Total steif, die Kinder und ich. Sebastian steht nur da und grinst. Mit Entsetzen schaue ich auf das Chaos in der Diele. Sind wir plötzlich alle taubstumm oder gibt es Sprechverbot? Doch ›unsere‹ Große rettet die Situation und fängt an, Mütze und Mantel abzulegen.

»Saskia und Kevin, ich kann verstehen, daß ihr über die neue Lage überrascht seid, aber irgendwie kriegen wir das bestimmt hin.« Sicher hätte ich noch mehr solchen Unsinn geredet, wenn Sebastian sich das Grinsen hätte verkneifen können. Ein Blick in sein Gesicht bringt mich zur Vernunft.

»Was wollt ihr zwei denn heute abend essen?« frage ich sie.

»Pommes und Würstchen«, antworten sie nach kurzem Zögern. Innerlich fällt mir ein Stein vom Herzen. Zumindest in einem Punkt hatte er recht: sie sind pflegeleicht. »Das kriegen wir hin«, sage ich laut. »Aber dazu sollten wir einkaufen gehen.«

»Wird wohl das Beste sein«, läßt Sebastian

sich nun herab auch etwas zur Unterhaltung beizusteuern. »Also zieht euch wieder an.«

Raus aus den Klamotten, rein in die Klamotten, na witzig, denke ich.

Mucksmäuschenstill sitzen beide auf dem Rücksitz, während Sebastian und ich uns leise unterhalten. Fieberhaft überlege ich, was könnte ich mit ihnen reden, aber es fällt mir nichts ein. Also laß es, bevor du Unsinn bringst, sage ich mir.

Aufmerksame Kinder haben wir, wirklich aufmerksam, und auch zwei Einkaufswagen. Saskia hat ihn sofort organisiert, während Kevin das gleiche versucht.

»Laß ihn stehen, fahr ihn wieder zurück, wir haben schon einen Wagen«, läßt sich Sebastian in väterlichem Gleichmut vernehmen.

»Och«, schmollt Kevin und trottet sich zu uns. Ein Stück Ware nach der anderen wird aus dem Regal genommen, wovon wir annehmen, dies bräuchten wir zum Essen. Ständig fragt Sebastian mich, »ob ich dieses oder jenes im Haus hätte?«

»Kannst du mich denn nicht mal etwas leichteres fragen«, seufze ich schon. »Woher soll ich wissen, was sich alles an Lebensmitteln im Haus befindet.« Zweifelnd sieht er mich an, und legt vorsichtshalber das Produkt in den

Wagen, um keine unliebsame Überraschung zu erleben. Alles kommt mir systemlos und verworren vor, nicht nur, daß ich über meine eigenen Füße stolpere, sondern auch noch die Anwesenheit der beiden. Haben wir doch selbst noch keine Harmonie in uns, sind doch erst seit vorgestern nacht wieder zusammen, hatten nicht mal Zeit, uns aufeinander einzustellen, und heute bin ich schon Mutter. Hab' ich mir das nicht immer gewünscht: Einen liebevollen Mann und zwei Kinder. Jetzt hast du doch, was du immer wolltest, also sei glücklich, sage ich mir.

Glück auf Kommando, geht das? Zugleich schieben sich andere Bilder vor mein geistiges Auge. Eine reiche Hochzeit in einer anderen Epoche, ich, die Braut und der Mann, ja könnte Sebastian sein, als mein zukünftiger Ehemann. Welch ein Glück, sprachen meine Eltern und erwarteten es von mir. Es ließ sich auch gut an. Später dann, zwei blonde Kinder, die vertrauensvoll ihr kleinen Hände in meine legten. Fasziniert beobachte ich meine eigenen Empfindungen, ergebe mich meinem Schicksal, dabei nicht beachtend, daß ich hinter den Dreien wie ein kleiner Hund herdackele.

In unserem Einkaufswagen türmt sich ein Berg von Lebensmitteln. Ratlos sehe ich uns an, und frage mich im stillen: Das alles nur für ein Wochenende? Wir sind doch nur vier Personen – fast sehnsuchtsvoll und verlockend erscheint mir mein vergangener Junggesellenhaushalt – unter dem Motto – hast du nichts Eßbares im Haus, oh macht nichts, geh zum Essen. Wirklich problemlos, ziehe ich das Fazit – pflegeleicht, würde Sebastian sagen. Ein Lieblingswort von ihm, denke ich, wobei ein sanftes Lächeln meine Mundwinkel umspielt. Irritiert sehe ich hoch, genau in seine fragenden Augen; auch die Kinder fixieren mittlerweile die abwesend wirkende Lena. Natürlich interpretiert er diese Situation völlig anders, und ich bin ihm unendlich dankbar, daß er keine Fragen stellt. Was hätte ich auch erklären sollen. Zärtlich schlingt er seinen Arm um meine Taille, versetzt mir einen liebevollen Nasenstüber und sagt mit leiser Stimme: »Ich sagte dir doch, meine Kinder sind pflegeleicht und werden dich bestimmt mögen.« Zweifelnd, aber mit dem festen Willen, es glauben zu wollen, sauge ich seine Worte und Zärtlichkeiten auf wie ein feuchter Schwamm.

Was mag in Saskia vorgehen, während sie mit mir Kaffee kaufen geht. Bis vor zwei Stunden stand für sie noch fest, das Wochenende mit Papa und Sabine, der vorhergehenden Partnerin, zu verbringen. Und jetzt gibt es plötzlich Lena, von deren Existenz sie bis zu diesem Zeitpunkt nicht mal wußte. Ständig läuft sie mir vor den Füßen herum, steht mir im Laden im Weg. Mitfühlend betrachte ich sie, aber gleichzeitig frage ich mich, wer von uns beiden wohl in der besseren Position ist? Sie, mit kindlicher Naivität, oder ich mit unsinnigen verworrenen Gefühlen? Fast könnte ich Kevin beneiden, der sicher an der Hand von Sebastian trippelt. Das wäre kein schlechter Tausch!

Sich von seinem Vater lösend kommt Kevin auf mich zu. Vorsichtig schiebt er von hinten seine kleine Hand in meine und hält sie fest, sieht mich an und sagt ganz lieb mit seinem dünnen Stimmchen: »Lena, ich hab' dich gern.«

»Danke, ich dich auch, ich mag dich auch Kevin«, und lache leise befreit auf, während mich ein glückliches Gefühl durchflutet, und sofort verwandelt sich der naßkalte Apriltag in einen strahlenden Sommertag.

Als wäre es das Stichwort für Saskia, erklärt sie mir wie aus der Pistole geschossen: »Ich hab' dich auch gern«, und sucht dabei meine andere Hand. Mit Einkaufstüten, zwei Kindern an den Händen ein etwas schwieriges Unterfangen, doch durch das Glücksgefühl fällt es mir leicht, alles locker zu meistern. Zu gern hätte ich gewußt, ob Sebastian bei Kevins Geständnis seine Finger mit im Spiel hatte. Doch nein, erklärt er mir später, es hätte ihn selbst gewundert, da Kevin doch der derjenige ist, der seine Gefühle nicht offenbare, der aber auch der Sensiblere von beiden ist.

Glücklich über diese unerwartete Wende, fühle ich mich wie Alice im Wunderland. Dankbar denke ich an die Wunsch erfüllungspyramide. Diesmal hab' ich alles richtig gemacht, jauchze ich innerlich vor Freude. Diesmal habe ich meine Wünsche genau sieben Tage daruntergelegt, sie dann zerrissen und verbrannt, um sie den Elementen zu opfern. Ich habe alles bekommen und obendrein, das, was ich mir seit zehn Jahren wünsche: zwei Kinder, einen Jungen und ein Mädchen.

Es war das perfekte Glück. Ein intaktes Familienleben, Glück und Harmonie in jeglicher Beziehung. Das Alkohol- und Rauchproblem hielt sich auch in Grenzen. Der Frühling zog ins Land, wir schmiedeten Pläne und bauten an unserem Lebensweg. Sebastian half mir viel in der Firma, denn er ist sehr kreativ. Wir hatten großartige Erfolge und träumten von einem gemeinsamen Weg. Wir sagten immer, wir wären füreinander bestimmt. Da wir viel miteinander redeten und über alles sprechen konnten, dachte ich, unsere Beziehung wäre perfekt. Aufkommende Zweifel und sich immer öfter breit machende Unruhe wurde wegdiskutiert oder übergangen. Das Heranziehen eines Gewitters hätte mich warnen müssen, doch das Rollen des Donners war noch zu weit weg.

Das Aus

Ein wahrhaftig anstrengender Tag heute. Und als ich nach Hause komme, sehe ich, daß unser Namensschild abgefallen ist; wie ein schlechtes Omen. War das ein schwieriger Termin. Bin ich froh, daß der Kunde endlich zufrieden ist. Gegessen hab' ich auch noch nichts. Sebastian hat auch noch nicht angerufen. Schon klingelt mein Telefon. Freudestrahlend nehme ich ab. Alle Anspannung ist weg. Das kann nur er sein, denke ich und empfinde in tiefer Dankbarkeit das Glück der letzten Nacht, spüre die Zärtlichkeit und Liebe nachklingen, die er mir schenkte.

»Wie geht es dir?« Unsere obligatorische Frage, die wir uns immer stellen.

»Hast du schon versucht, bei mir durchzuklingeln«, fragt Sebastian.

»Nein, dazu kam ich nicht, ich hatte bis eben einen schwierigen Kunden.«

»Ich habe auch gerade eine Stunde telefoniert, du hättest mich nicht erreicht«, fängt er an, sich zu entschuldigen.

Meine soeben noch vorhandene Fröhlichkeit weicht einer Negativerwartungshaltung, die ich mir nicht erklären kann. Deutlich spüre ich die Gefahr? Seine Stimme klingt so bedrückt. Er hat doch sonst keine Artikulationsschwierigkeiten.

»Also, was ist los, was hast du, nun sag schon«, frage ich ruhig, aber mit unterdrückter Spannung.

»Ja, also, es ist so, na ja, wie soll ich's sagen«, stottert er in den Telefonhörer.

»Sag schon endlich, was ist«, fordere ich nachdrücklich.

»Ich habe eine Stunde mit Sabine telefoniert, wir wollen es noch einmal versuchen . . .«

Stille!

Ist die Atombombe hochgegangen, hat jemand den weißen Knopf gedrückt, ist ein See- und Erdbeben ausgebrochen. Ich weiß es nicht, aber mir erscheint es, als ob alle Faktoren sich hier die Hand reichen. Nur das merkwürdige ist, alles ist totenstill. Lautlos, der lautlose Tod, denke ich, während in meinem Kopf alle Sicherungen durchbrennen. Bin ich noch fähig zu antworten, wenn jemand in diesem Moment meine Liebe, meine Gesundheit, mein Leben, mein Glück zerstört und mich somit in Stücke reißt? Das schlimmste dabei ist: Ich liebe ihn, auch jetzt noch!

Er wartet auf eine Antwort, auf eine Reaktion von mir. Was soll ich sagen, wie soll ich mich verhalten? Ich könnte heulen und mich in ein Mauseloch verkriechen. Das alles könnte ich, aber zum Antworten bin ich nicht fähig. Jeder hält dich für stark, also beweise es, denke ich hart.

Vergehen Minuten oder nur Sekunden, ich weiß es nicht. Auf alle Fälle höre ich mich entsetzlich vernünftige Dinge sagen, in etwa wie: »Du weißt sicher, was du tust, ich kann dich verstehen wenn du unsicher bist, aber bitte versteh auch mich. Ich begreif' es nicht. Du hast dich damals doch für mich entschieden, als du frei warst, und nicht für Sabine.«

»Ja, ich weiß, du hast ja recht«, vernehme ich sein gequältes Stöhnen am anderen Ende der Leitung.

»Bist du sicher, Sebastian, daß du weißt, was du tust, bist du dir ganz sicher«, frage ich nochmals eindringlich. »Ich dachte, das Thema Sabine sei abgeschlossen.« Bei diesem Satz schießen mir die Tränen in die Augen. Bin nicht mehr fähig weiterzureden, geht nicht mehr. »Tschüs, Sebastian«, sage ich und lege auf.

Völlig apathisch hänge ich in meiner gemütlichen Kuschelecke und frage mich allen Ernstes, ob ich das hinnehmen soll. Das ist unfair, es mir telefonisch zu sagen. Mein Gott, eine Stunde Gespräch mit Sabine, und wo ist seine Fröhlichkeit, wo ist seine Heiterkeit, seine Zukunft, die er heute nachmittag noch hatte. Er klang, als ob er kurz vor einem Suizidversuch stünde. Das Gefühl einer Bedrohung, nicht nur für mich, sondern auch für ihn, vor allen, für ihn, steigt in mir hoch. Das Gefühl, etwas aufhalten zu müssen, wird immer stärker. Vielleicht will ich das Schicksal beeinflussen, vielleicht will ich es herausfordern, wer weiß?

Wie unter Zwang wähle ich seine Nummer und erkläre ihm, daß ich seine Entscheidung akzeptiere, da er jetzt, wo er seine Freiheit hat, doch ausprobieren müsse, ob er nicht doch vielleicht mit ihr leben könne.

Sebastian klingt völlig konfus, genauso konfus schlägt er mir ein Treffen in unserer kleinen Bar zu einer letzten Aussprache vor, dem ich zustimme.

Einige Stunden später treffen wir uns. Zwei bedrückte Wesen ohne Glanz und Strahlen. Wir wissen, daß wir uns immer noch unsagbar lieben und leiden entsetzlich. Ich verstehe die Welt nicht mehr, und er versteht seine Handlungsweise und Zerrissenheit nicht. Der dunkle Vorhang des Leids und der Mantel des Grauens umhüllt uns. Der Teufel in Form von Alkohol streckt uns freudestrahlend die Hände entgegen, die wir dankbar ergreifen, um zu vergessen.

Eine Stunde habe ich Zeit. Ich bin mir bewußt, sollte ich es nicht schaffen, ihn umzustimmen, passiert etwas Grauenvolles. Ich ahne es mehr, als daß ich es weiß. Nein, eigentlich weiß ich es definitiv, und verzweifelt nehme ich den Kampf auf. Kämpfe gegen eine Vision – Sabine? –, kämpfe gegen seine Zweifel. Weiß mit absoluter Sicherheit, daß er sie nicht mehr liebt, sondern nur das Bild von ihr, daß er sich im nachhinein gemacht hat. Bin mir unserer Liebe sicher.

Ich rede und rede, doch mit jeder Antwort von ihm drehen wir uns nur im Kreis. Es wird immer dunkler, immer kälter, während vom Plattenteller die heißen Rhythmen durch die Bar klingen. Er will gehen, jetzt sofort, und erhebt sich. Ich halte ihn fest, bitte ihn, noch einige Minuten zu bleiben, bitte ihn inständig. Ich verliere . . . nicht nur diesen Augenblick, sondern mehr, weit mehr, als ich zu diesem Zeitpunkt erahnen kann.

Er reißt sich los und stürmt hinaus. Ich hinterher, doch ich sehe ihn nicht mehr. Später erfahre ich, daß er geradewegs in eine Polizeikontrolle geraten ist. Alkoholtest – Führerscheinentzug!

Zusammenbruch

In der Firma werde ich morgen anrufen, alle Termine absagen lassen und eine dringende Geschäftsreise vorschieben, die mir ein paar Tage Luft gewährt. Ich muß wieder zu mir selbst finden, denn so kenne ich mich nicht. Ich muß nachdenken, mir über vieles klar werden! Und schon wieder ertappe ich mich, wie ich auf dem Nachhauseweg mit Sebastian in Gedanken rede.

Die Liebe ist das kostbarste Geschenk, das wir erhielten. Wie gehen wir damit um, Sebastian? Wir versuchen, sie zu zerstören – dabei weiß ich, und ich hoffe, auch du weißt es, daß es unsere letzte Chance auf dieser Erde ist.

Hochtrabende Worte, nichts als Worte, würdest du jetzt sagen. Natürlich gibt es auch weiterhin Menschen, mit denen wir beide zusammenleben können, aber ohne die große Liebe. Alle anderen Chancen zu echten Gefühlen haben wir bereits leichtsinnig verspielt – ungeachtet dessen, daß wir nichts davon wußten. Wir achteten nicht auf die Zeichen, die man uns sandte – ich war die dritte Frau für dich, die Lena hieß, die erste war deine Jugendliebe, die zweite war verheiratet und unmittelbar danach lerntest du mich kennen –, wir setzten dafür unseren Verstand und unsere Sturheit ein. Mißachteten die elementarsten Grundregeln des Zusammenlebens mit anderen Menschen, verrieten und verkauften die Liebe zum Selbstzweck, du genauso wie ich.

Die Liebe, das größte Geschenk, das uns Menschen widerfahren kann und sollte. Manchmal denke ich, es müßte schon in der Schule einen Lehrplan für die Liebe geben. Etwa unter dem Thema: Wie liebe ich richtig? Doch wer sollte uns lehren?

Es ist ganz einfach. Versuchen wir doch die Liebe zu leben! Leichter gesagt, als getan. Es fängt schon beim Vertrauen an. Sebastian, solltest du noch einmal zurückkommen, wie könnte ich dir vertrauen? Nicht einmal mir selbst kann ich mehr vertrauen; nicht meinen Reaktionen.

Unser Abschied, im Mylord, du erinnerst dich: ›Ich möchte nichts mehr von dir hören und dich niemals wiedersehen.‹ Sicher, in diesem Moment war es auch so gemeint, wie ich es sagte. Ich dachte, ich bin fertig mit dir, für immer. Auch hinterließest du keine Leere in mir. Eine unbändige Kraft fühlte ich. Kraft, die Bäume ausreißen könnte, Kraft, die Berge versetzen und imstande ist, Imperien zu bauen.

Mit hastigen Schritten, noch voller Elan, eile ich die Treppen zu meiner Wohnung hoch. Hier fühle ich mich geborgen. Das Zuschnappen des Schlosses hat etwas Endgültiges, an sich. Ich denke nicht, ich fühle nicht, ich bin leer. Mechanisch setze ich mich auf die kleine Couch, und ebenso mechanisch zünde ich mir eine Zigarette an. Während des Anzündens starre ich gedankenverloren in den runden, durchsichtig blauen Glasaschenbecher. Fast eine halbe Zigarette liegt noch von vorhin – oder war es vor einer Ewigkeit – ausgedrückt im Ascher, mit grellrot verfärbtem Filter. Mein Lippenstift und meine Schminke. Wenigstens sah ich gut aus. Nicht so wie er; grau wie die Asche der Zigaretten, grau sein Gesicht, gehetzt sein Wesen, vibrierend seine Nerven, gedrückt seine Haltung, überdreht sein Verhalten, unruhig sein

Geist; und dabei müßte er doch glücklich sein. Er hat mich verlassen!

Kleine Registrierungen, die ich wahrnehme, die wie flüchtige Schatten durch meinen leeren Geist huschen und blitzschnell wieder verschwinden, um sich irgendwo als Puzzleteilchen zu einem Mosaik zu verbinden.

Gestern bekam ich von einer Kundin fünf wunderschöne rosafarbene Rosen. Alle sind am Erblühen und stehen in einer geschmackvollen Vase auf dem runden Marmortisch. Sebastian saß genau davor. Bemerkt hat er sie sicher, gesagt hat er nichts. Schade, daß er seine Gedanken so gut verschloß. Zu gern hätte ich seine Kombination diesbezüglich gewußt, denn er ist sehr eifersüchtig.

Während ich automatisch an meiner Zigarette ziehe, starre ich mit leeren Augen auf meine gegenüberstehende Schrankwand, als ob mir die Maserung des Holzes eine Antwort auf meine viel zu vielen ungelösten Fragen geben könnte.

Nach zwei doppelten Whisky Cola fühle ich mich noch ausgelaugter und leicht depressiv, so daß ich mich auf der Couch langlege, die Augen schließe, sofort einschlafe und träume.
»Sebastian, wohin willst du«, frage ich?

»Ach nur in die Küche, um uns etwas zum Abendbrot zu bringen.«

Noch im Liegen, streichle ich meine schöne schwarze Perserkatze und reiche ihr ein Häppchen Brot, das auf dem Tisch liegt, welches sie mir aus der Hand frißt. Anschmiegsam wie sie ist, tigert sie an mir hoch und setzt sich über meinen Kopf. Sachte und leise streckt sie ihre Pfote nach vorne, direkt in meine Haare. Noch denke ich, sie will mit mir spielen. Doch sie krallt sich in meinen langen dunkelblonden Haaren fest, zerrt daran, und schon fliegt das erste Büschel Haare raus. Immer noch keine Reaktion von mir, obwohl es sehr schmerzhaft ist. Tigerchen macht weiter, schlägt nun schon zum drittenmal zu und wieder ein Büschel raus. Da inzwischen der Druck und der Schmerz unerträglich werden, werfe ich meinen Kopf hin und her, kriege die Katze aber nicht los. Endlich bekomme ich sie zu fassen und schleudere sie wütend und entsetzt von mir, wobei mich dieses Biest anfaucht.

In diesem Augenblick kommt Sebastian mit dem fertig angerichteten Abendbrot in die Stube und sieht mich völlig entgeistert und verständnislos an.

Mit beiden Händen umfasse ich meinen Kopf, der sehr weh tut, und fahre entsetzt in die Höhe. Gott sei Dank, nur ein Traum!

Unmöglich, in dieser Situation einen klaren Gedanken zu halten. Dieser Traum hat sicher eine wichtige Bedeutung. Noch ganz benommen hole ich meine Traumdeutungsbücher aus dem Schlafzimmer; wobei mein Kopf auch im Wachzustand einer einzigen offenen Wunde gleicht. Solche lapidaren Sätze wie sexuelle Wünsche, Samtpfötchen usw. . . . ich könnte mich schon wieder ärgern. Mit diesen Aussagen komme ich nicht weiter. Doch in dem einen Traumbuch finde ich etwas Brauchbares: – Ist die Katze schwarz, so wird man demnächst von einer Schwierigkeit auf dem Lebensweg befreit.

Unmittelbar darunter steht aber: Wird man von einer Katze gekratzt oder gebissen, so kann das Verrat oder Verleumdung in unmittelbarer Umgebung bedeuten. Dazu fällt mir Sebastian ein, doch sofort verwerfe ich den Gedanken wieder. Nein, nicht er!

Ein sonderbarer Traum, dessen Auflösung Jahre auf sich warten ließ.

Ein Gefühl der Zeitlosigkeit überfällt mich, obwohl die Geräusche nach wie vor laut sind. Die S-Bahn, die sonst immer störte, erinnert mich daran, daß außerhalb meines Gefängnisses das Leben pulsiert und weitergeht. Nur ich fühle mich innerhalb der Zeit gefangen. Stillstand auf allen Ebenen, allen Dimensionen, auch Stillstand des Geistes. Vielleicht sollte man es als Schockzustand bezeichnen?

Vor einiger Zeit bekam ich ein Buch zum Lesen ausgeliehen, mit dem Titel ›Das Medaillon‹. Der Freund, der mir dieses Buch gab, sagte mir, es handle sich um einen Skarabäus. Da ich auch einen geschenkt bekam, wollte ich es auf alle Fälle lesen. Diese Dinge faszinierten mich sehr. Sie sind mir auf geheimnisvolle Art und Weise mehr vertraut als fremd, wobei sie mir schon wieder unheimlich sind.

Da ich momentan zu nichts Lust habe, nicht zum Essen, nicht zum Abräumen, geschweige denn zum Saubermachen, nehme ich das Buch zur Hand und beginne zu lesen.

Ausgerechnet eine Liebesgeschichte, stelle ich mit Entsetzen fest und schweife in Gedanken immer wieder zu Sebastian ab. Haben wir auch eine solche Liebe? Sind wir Dualseelen, frage ich mich, obwohl ich nicht daran glaube. Zweifel kommen auf. Was kettet uns aneinander? Was bindet uns? Was trennt uns? Nein, wir haben keine Zukunft, sage ich mir immer wieder.

Langsam, ganz leise – wie auf Samtpfötchen – kriecht Traurigkeit hoch. Tapfer unterdrücke ich sie. Nein, ich will nicht. Blitzartig der Gedanke: Ich muß raus hier. Geh in die Disco, geh unter Menschen. In fliegender Eile – wie unter Verfolgungswahn leidend – mache ich mich zurecht und flüchte aus dem Haus.

Überhektisch und übertrieben fröhlich steuere ich auf das Lokal zu. Hoffentlich ist jemand zum Reden da, ansonsten drehe ich durch. Schon sehe ich einen Bekannten. Ausgelassen und fröhlich unterhalten wir uns, was natürlich auch das Interesse der anderen männlichen Gäste weckt. Bald sind unsere Themen erschöpft, doch um Gesprächspartner muß ich mir an diesem Abend keine Sorgen machen. Munter geht die Unterhaltung mit einem Nachbarn weiter. Auch als wir beschließen, das Lokal zu wechseln, um noch ein bißchen auf die Szene zu gehen, fühle ich mich wohl.

Die rabenschwarze Nacht ist dem fahlen Morgengrau gewichen, die Luft noch würzig und frisch, und die ersten Vögel trällern ihr Liedchen, als ich endlich nach Hause gehe. Ausgeglichen – ohne jegliches Zeitgefühl für Tag oder Nacht, Monat oder Stunde –, doch nun mit einer angenehmen Müdigkeit in den Gliedern begebe ich mich zu Bett.

Ist das nicht mein Telefon? Schlaftrunken greife ich nach dem Hörer. Übergroß ist meine Freude. Eine alte Freundin, von der ich seit Jahren nichts mehr hörte, lädt mich ein. Ein langes liebes Gespräch, liebevolle Gedanken und Erinnerungen. Ein anderes Leben – damals!

Trotz meines geringen Schlafes fühle ich mich sehr wohl und voller Tatendrang. Heute werde ich das Bad fertig dekorieren, das heißt, den Rest der Tapeten abreißen, tapezieren und meine Wohnung in Ordnung bringen. Ich brauche Harmonie um mich herum, beschließe ich. Mutig mache ich mich an die ungewohnte Arbeit, während mein Radio laut spielt.

Nahezu unmerklich nimmt mich eine depressive Stimmung gefangen. Um locker und beschwingt zu sein, schenke ich mir einen großen Whisky ein. Der hilft immer, rede ich mir ein. Schon wieder in Gedanken bei ihm. Was er wohl macht? Ist er bei der anderen? Ist er bei seinen Eltern? Das sind meine bohrenden Fragen. Fragen, die mich nicht loslassen, meine Arbeitswut erheblich reduzieren und mich in eine merkwürdige Stimmung katapultieren.

Das Radio spielt immer noch. Die S-Bahn fährt immer noch. Im Haus die gleichen entfernten und doch vertrauten Geräusche. Doch sie scheinen weit entfernt zu sein. Ich bin wie ein unbeteiligter Zuschauer auf einer Tribüne, der alles beobachtet.

Tränen, die mich blind machen, schwimmen in meinen Augen, und der Gefühlsausbruch läßt sich nicht länger aufhalten. Rasanter das Tempo, lauter die Geräusche, Trommelwirbel in meinen Ohren, Flimmern vor meinen Augen. Stillstand – Vakuum – um mich herum!

Zusammenbrechen, wegsinken, nichts fühlen, sehen, hören – wohltuende Ohnmacht.

Wie lange?

Was wollte ich nur mit dem Telefonhörer, der jetzt auf dem Boden liegt? Verhaltenes Schluchzen, immer stärker werdend, nach Luft japsend – wie ein Fisch an Land –, Schütteln und Beben des Körpers, Zusammenbruch, Leere.

Der kleinste Gedanke, die winzigste Erinnerung, und das Spielchen geht von neuem los. Frieren und Glühen zugleich. Müde, schlafen, Durst, keinen Hunger, schlafen, keine Energie, Kraftlosigkeit, Mattigkeit, Augenränder, kreidebleich, Gewichtsverlust drei Kilo innerhalb von zwei Tagen.

Matt, kraftlos, ohne Elan, schleppe ich mich morgens doch wieder in die Firma. Bereits mittags bin ich zu nichts mehr fähig, sage wieder alles ab und fahre nach Hause. Schlafen, schlafen den Tag, die Nacht, einfach nur schlafen.

16. Jahrhundert

Welches Spiel wird hier gespielt? Die Regeln dafür kenne ich nicht, und ich wette, du, Sebastian, auch nicht!

Unterliegt die Liebe keinen Regeln, keinen Gesetzmäßigkeiten, keiner Vorausberechnung? Ist es nicht erschreckend, gerade als ich um meine Freiheit, sprich inneren Frieden, kämpfe, den ich dringend benötige, gerade da rufst du an, unter einem Vorwand, wie mir scheint. Deine Frage, ob Post für dich da wäre, ist mehr als fiktiv, denn du bist vor elf Wochen hier ausgezogen.

Kühle, kalte frostige Stimmen am Telefon, dann tschüs und schnelles Auflegen, wobei ich schwören könnte, daß nicht nur mein Herz- und Pulsschlag seine Frequenz um ein Vielfaches erhöht hat. Von dem Adrenalinspiegel ganz zu schweigen. Da kann ich schon fast meinen Organen zuhören, die sich aufgeregt Befehle zuschreien: Blutdruck runter, Herzschlag normalisieren. Magen-, Darmsäurespiegel – alles zu hoch. Runter, runter, langsam durchatmen, so, jetzt geht es allmählich wieder. Der Blutkreislauf pegelt sich ein, und meine Hände werden wieder warm. Es ist, als ob Leben zurückkehrt.

Nein, dieses Mal will ich nicht mehr, ich kann nicht mehr, ich will nicht mehr, so toben meine inneren Stimmen durcheinander. Ich ertappe mich dabei zu fragen, was wäre, wenn?

Nicht weiterfragen, nicht weiterdenken!

Es ist Schluß, ein für allemal, und schon wieder spielt allein bei diesem Gedanken mein Kreislauf verrückt, schon wieder wird mir heiß und kalt.

Vielleicht will ich mich quälen, vielleicht meine ich es ernst, wer vermag es zu sagen, ich am wenigsten. Ich greife mit fiebernden Händen zum Telefon und drehe seine Nummer – die ich nach dem ersten Hören auswendig kannte, die ich nie notiert, mir nie merken mußte, sie war einfach da.

»Van Dyke«, meldet sich Sebastian.

»Ich bin's noch mal«, völlig idiotisch, dabei hat er vorhin angerufen. »Sollte es noch irgend etwas geben, so werde ich es über deine Mutter regeln. Bitte sei so gut, und ruf nicht mehr bei mir an. Ich brauche meinen Frieden, tschüs!«, sprach 's und legte auf.

Tiefes Durchatmen, das Gefühl des inneren Aufruhrs ebbt langsam ab. Leere macht sich breit. Ein Nichtverstehen der Situation, Müdigkeit kriecht hoch. Die Karten sagen doch, ich seh' ihn heute, sagen sie schon die ganze

Woche, hab' ich wieder mal was falsch gedeutet, bin ich zu befangen, aber nein, es war doch eindeutig. Völlig entnervt versuche ich zu schlafen.

Die letzte Zigarette, aber erst neun Uhr. So ein Pech. Was bleibt mir anderes übrig, als an der Tankstelle welche zu holen. Der Spaziergang tut dir sicher gut, rede ich mit mir selbst und laufe langsam los.

Bleierne, drückende Atmosphäre. Fast greifbar nah der düstere Himmel, Blitze und feiner Schwefelgeruch des heranziehenden Gewitters bereits zu riechen. Regentropfen auf der Haut, nur in der Phantasie, nicht real. Nur Einbildung, nur Fiktion.

Schon wieder eine Fiktion! Sicher spielen mir meine überreizten Nerven einen Streich. Die Autonummer, der Wagen, die Umrisse eines Mannes am Steuer, den ich nur undeutlich erkenne, vielleicht mich innerlich weigere, ihn zu sehen.

Das muß Sebastian sein, der gerade in der Tankstelle mit seinem Wagen zum Stehen kommt. Keine zehn Meter von mir entfernt!

Kann es nicht glauben, will es nicht glauben, reagiere mit Entsetzen, Panik steigt hoch. Flucht, fliehen, schnell, schnell, bevor er aussteigt.

Chaos, Tumult in mir, meine Beine wollen mir nicht gehorchen, doch es muß sein. Abrupt drehe ich mich weg und renne fast schon, aber nur ein paar Schritte, nicht umdrehen, nicht gucken, nur keine Blöße geben. Kurz stehenbleiben – bereits außer Sichtweite –, tief durchatmen, Kräfte sammeln, Schultern straffen, langsam weitergehen, Schritt für Schritt, fast taumelnd, mich mühsam beherrschend. Hitzewallungen, Schüttelfrost, mühsames Unterdrücken des aufsteigenden unartikulierten Lachanfalls. Weitergehen – langsam.

Mit höchstens Tempo 30 fährt er an mir vorbei, sicher beobachtet er mich. Nur nichts anmerken lassen, zusammenreißen. Rote Ampel, rechter Blinker in meine Straße, was kommt jetzt, frage ich mich und zittere wie Espenlaub. Ist er irgendwo in eine Parklücke eingebogen und wartet auf mich? Voller Angst gehe ich weiter.

Wie soll ich mich verhalten? Hunderttausend Gedanken unsortiert und unkontrolliert. Aber ich kann stur sein. Mein Verstand ist stur, während mein Herz zerreißt. Was ist das nur für eine verdammte Liebe, denke ich.

Mit brennenden Augen voll ungeweinter Tränen suche ich die Straße und die Parklücke ab. Er muß wohl zwangsläufig weitergefahren sein. Soll ich enttäuscht, traurig, wütend oder soll ich froh sein? Im Moment kann ich es nicht beantworten.

Mit letzter Kraft schleppe ich mich in meine Wohnung und lasse mich in einen Sessel fallen. Meine Nerven vibrieren, und unkontrolliertes Zittern ergreift von mir Besitz. Schnelles Atmen, kalte Finger, kalte Hände.

Halt! schaltet sich mein letzter Rest von Verstand ein. Das sieht nach einem Zusammenbruch aus. Langsam und tief durchatmen, bis es wieder geht.

Wieso, warum, weshalb trafen wir uns? Bohrende, immer wiederkehrende Fragen. Fragen, die ich nicht beantworten kann. Wieso hab' ich mir heute abend keine Zigaretten aus dem Laden mitgenommen? Wieso gehe ich ausgerechnet um diese Uhrzeit los? Wieso treffe ich ihn? Wieso fährt er ausgerechnet diese Tankstelle an? Wieso haben meine Karten recht?

Wieso, weshalb, warum? Welche Kraft leitet unsere Schritte so, daß wir uns treffen müssen? Die gleiche Minute, die gleiche Sekunde, daß hatten wir doch schon einmal, genau das gleiche Spiel, zwar andere Umstände, und wir noch konzilianter zu uns und zum anderen. Ist unser Kampf um Trennung vergebens, sind wir nicht voneinander zu lösen, frage ich mich?

Sehr berechtigte Fragen, wenn ich mir unser Dilemma ansehe. Meine eigenartigen Bildersequenzen und plastischen Gefühle dazu, die mehr zu sein scheinen, als nur Erinnerungen, im Zusammenhang mit diesem Leben. Bewußt zwinge ich mich zur Ruhe, indem ich mir eine Kerze anzünde und mich auf die Flamme konzentriere. Wer weiß, vielleicht gelingt es mir, mehr über uns zu erfahren.

Langsam spüre ich Ruhe und Frieden in mir und ich sinke in eine wohlige Behaglichkeit. Der helle warme Schein der Flamme trägt mich in eine andere Wirklichkeit . . .

Leise surrt der Lift in die Höhe. Sechstes oder siebtes Stockwerk haben wir gewählt. Die anderen Menschen, die sich mit uns im Aufzug befinden, steigen unterwegs an den Stationen aus, andere wiederum zu. Alles lachende fröhliche und buntgekleidete Leute, die irgendeinem Ziel zusteuern, so wie wir.

Langsam und gemächlich – was gar nicht zu der modernen Konstruktion dieses Aufzuges paßt – geht die Fahrt aufwärts, und endlich hält er am Ziel an. Wir steigen aus und befinden uns auf einer dazugehörigen Plattform, die wie die Innenverkleidung des Lifts aus hellem silbrig schimmerndem Metall besteht.

Verdutzt und entsetzt sehen wir uns an und sagen wie aus einem Munde: »In welchem Jahrhundert sind wir denn hier? Da wollten wir doch niemals hin. Sieh dich um, schau nur, es sieht so aus, als ob wir in der Zukunft wären und nicht in unserer Etage, in der wir zu Hause sind.«

Einigen anderen Fahrgästen geht es, nach deren Gesichtern zu urteilen, ebenso. Auch sie sehen sich verdutzt an, doch andere steigen aus, als ob es ihr Ziel wäre.

»Na, dieser Aufzug hat wohl verrückt gespielt. Das ist einfach zuviel. Kommando zurück, laß uns nach unten fahren«, erkläre ich resolut. »Probier es lieber mit ein oder zwei Knöpfen über dem Erdgeschoß, vielleicht paßt es dann«, sage ich zu Sebastian.

»Gut, werden wir versuchen.«

Viele Leute stimmen uns zu und fahren gemeinsam mit uns abwärts. Unterwegs steigen Passanten aus und zu, und alle scheinen ein Ziel zu haben, dem sie zusteuern, und es scheint das Richtige zu sein.

Während des Öffnens der Türen des Aufzuges auf den jeweiligen Etagen können wir immer in ein bestimmtes Jahrhundert blicken und für kurze Zeit das Leben und Treiben dort beobachten. Dies ist aber nicht unser Ziel, denn wir hatten nie die Absicht, durch die Zeit zu reisen, sondern in unser Heim.

In der nun gewählten Etage angekommen, drücken wir auf den Türsummer und treten auf die Plattform hinaus. Wieder falsch!

Himmel, wo sind wir denn jetzt? Wir waren so sicher, daß wir richtig ankommen. Die Leute sind ganz anders gekleidet und benehmen sich anders, und auch als wir an uns herunterblicken, stellen wir fest, daß wir die Kleidung des jeweiligen Jahrhunderts tragen, uns jedoch in Figur und Aussehen nicht verändern.

Also wieder nach oben. Leicht genervt drükken wir nun einen der oberen – nicht aber den obersten – Knopf. Schnellere Fahrt: wieder falsch! Immer wieder andere Kleider, immer wieder andere Menschen, immer wieder andere Jahrhunderte, doch wir immer noch dieselben. Immer schneller die Auf- und Abwärtsfahrt, immer rasanter das Tempo.

Halt, halt an, stop endlich, ich kann nicht mehr, mir wird schlecht. Völlig fertig mit den Nerven, sehe ich Sebastian an – er tut mir leid, er sieht ganz mitgenommen aus, auch ich kann nicht mehr – und sage entschlossen: »Ich kann nicht mehr, will nicht mehr, bin am Ende«, schreie es schon fast. »Das ist mein letzter, aber auch allerletzter Versuch. Ich drücke noch einmal einen Knopf, einen x-beliebigen Knopf, und es ist mir egal, ob es paßt oder nicht, egal, wo ich herauskomme – und wenn es auf dem Mars ist –, ich bleibe dort, egal, ob mit dir oder ohne dich, ich habe keine Kraft mehr.«

Mit halbirrem Blick stiere ich die blinkenden Knöpfe an, während Sebastian mich dabei wie ein hypnotisiertes Kaninchen fixiert. Unsicher durch mein überstrapaziertes Nervenkostüm visiere ich eines der blinkenden Ungeheuer an und drücke es mit zittrigen Fingern.

Völlige Resignation, das Gespräch längst verstummt. Einer den anderen furchtvoll anblikkend, während der Aufzug in einem Wahnsinnstempo abwärts rast. Rotes Licht blinkt auf, stoppt, hält. Langsam teilt sich die Tür und gibt den Blick frei. Mit zögernden, tastenden Schritten – unter Aufbietung und Mobilisierung unserer letzten Kraftreserven – treten wir auf die Plattform, und wagen kaum, das Umfeld wahrzunehmen.

Sebastian weiß, daß es mein völliger Ernst ist, hierzubleiben, egal, wo es ist. Noch zögernd, aber doch entschlossen tritt er mit mir gemeinsam Hand in Hand in diese Welt hinaus.

Stille, Frieden Normalität. »Das darf doch nicht wahr sein; unser Zuhause«, jubeln wir.

Sechzehntes Jahrhundert . . .

Ein Gefühl des vollkommenen Glückes erfaßt uns. Still, friedlich, ohne Forderungen und ohne Erwartungen. Wir sind einfach da. Wir halten uns an den Händen und sehen uns intensiv an. Alle Anstrengungen und Anspannungen sind verflogen, wir strahlen Ruhe und Kraft aus. Keine Fragen mehr nach dem Wieso und Warum, sind einfach nur da und integrieren uns als Bestandteil in den Ablauf des Geschehens.

Als wir uns liebevoll in die Augen sehen, sagt Sebastian ganz leise und zärtlich zu mir. »Weißt du, daß wir während dieser Irrfahrt schon einmal ganz nahe dran waren, wir hätten nur den Schritt nach vorne tun müssen, nur einen kleinen winzigen Schritt.«

»Ich weiß, ist schon gut«, antworte ich, während ich seine Lippen mit einem zärtlichen Kuß versiegele.

Verstrickung

Was bewegt mich eigentlich dazu, mitten in der Nacht, um 23.30 Uhr, zu dir zu fahren und deiner Einladung Folge zu leisten, obwohl wir getrennt sind und ich genau weiß, daß du mit Sabine liiert bist. Ich glaube, du weißt nicht um deine Kraft, mich zu bewegen und Dinge zu tun, die ich lieber unterlassen sollte. Vermutlich ist es Liebe, diese allmächtige Kraft, die mich es tun läßt, immer noch?

Mit schweißnassen kalten Fingern umklammere ich das Lenkrad meines Wagens, der mich mit traumwandlerischer Sicherheit in deine Straße bringt. Kaum an deiner Haustür angekommen, drückst du den Summer. Zufällig befindest du dich auf dem Balkon, genauso zufällig befand ich mich immer in diesen Augenblicken an meinem Fenster und sah dich heranfahren.

Wir stehen uns gegenüber, viel zu früh – wie ich mit Entsetzen feststelle. Mein Herz pocht wie wild. Ich weiß, das Sebastian es nicht hören kann, und trotzdem ist mir so, als ob eine Maschinengewehrsalve abgefeuert würde.

Dieser Aufzug ist ein wenig klein für zwei Menschen, die auf Distanz gehen wollen, und so steht jeder von uns an die Seitenwand gepreßt. Empfinde nur ich es so, oder ergeht es ihm ebenso? Hast du dir nicht zuviel zugemutet, bist du stark genug, um diese Rolle zu spielen, wirst du auch nicht schwach? Auch dann nicht, wenn du an das Ende des Traums denkst? Bangen Herzens, doch mit einer gehörigen Portion Sturheit sage ich mir, das schaffe ich, das kann ich, lerne ihn zu konfrontieren. Denk an dieses Wort; konfrontieren, konfrontieren, du konfrontierst ihn nur, dadurch wirst du es überwinden. Viel zu kurz und gleichzeitig zu lang ist die Fahrt nach oben – ohne Hindernisse. Es gelingt mir kaum, ihn anzusehen, seinem Blick standzuhalten. Sieht er mich überhaupt an, nimmt er mich wahr?

Habe ich richtig gesehen? Schmitt – van Dyke, ein rotes Namensschild springt mich förmlich an. Doch schon verdeckt Sebastian mit seinem Körper das Schild. Absichtlich?

Bereits beim Eintreten in seine Wohnung kommen mir Zweifel. Hast du auch richtig geguckt? War das wirklich ein Doppelnamensschild? Es ist, als ob ich die Realität nicht wahrhaben wollte. Am liebsten würde ich umdrehen und nachsehen. Ich bin mir nicht mehr sicher.

Gleichzeitig fühle ich mich stark, meine mir vorgenommene Rolle zu spielen; bin betont lustig, leicht ironisch – obwohl mir dieser Part nicht besonders liegt – und aufgekratzt. Geplänkel hin, Konversation her, wobei der aggressive Unterton meiner Stimme nicht zu überhören ist.

»Du möchtest sicher das Manuskript lesen«,

– ich schrieb gerade an einem neuen Roman – sage ich zu Sebastian. »Wie ich vorhin am Telefon schon erwähnte, fehlt die Hälfte.« Absichtlich hatte ich wichtige Passagen entfernt. Genau richtig, wie ich im nachhinein jetzt feststelle.

Jetzt möchte ich seine Gedanken lesen können. Geht nicht. Schade! Angespannt sitze ich auf der Couch und kann nur sein wechselndes Mienenspiel beobachten, welches Bände spricht. Ist die Frage, ob ich Kaffee möchte – mitten im Text – ein Ablenkungsmanöver, um sich zu sammeln?

Nachdem er das Manuskript fertig gelesen hat, entscheide ich, zur nächsten Tat zu schreiten.

Prompt ziehe ich die Bilder aus meiner Tasche und reiche sie ihm. Nach außen hin wirkt er abgebrüht, doch der verborgene Ausdruck seines Gesichtes und seiner Augen straft sein Verhalten Lügen. Ein Glück, daß ich mich in diesen Augenblicken in keinem Spiegel sehen muß, um festzustellen, wie und ob ich mich offenbare.

Spannung baut sich auf, leise knistern die Funken. Elektrizität an allen Ecken und Enden. Ich verkrieche mich bereits an die äußerste Kante seiner Couch und presse mich in sie.

Distanz schaffen! Belanglose Worte, wichtige Worte, mein Gehirn ein einziges Sieb mit zerrissenem Netz. Wir sollten zur Bühne, wären sicher großartige Schauspieler, und das nur auf Grund unseres eindrucksvollen Mienenspiels. Wozu brauchen wir Worte? Unnötig, Zeitverschwendung, denke ich. Wortlose Kommunikation, zu gefährlich, rede, rede irgend etwas, egal was.

Schon faßt Sebastian nach meinen Händen und hält sie umschlossen. Die Ringe des Saturns zerplatzen wie ein Feuerwerk in meinen Ohren, und die freigesetzte Gluthitze von einigen Milliarden Megabyte erfaßt meinen Körper.

Konfrontieren, brüllt mein Verstand. Ja, ich habe es vernommen. Schnell ziehe ich meine linke Hand zurück und löse vorsichtig seine Finger von meiner Rechten. Seinen Augen standhalten. Ja, ist schon gut, versuche ich ja, während ich mich langsam wieder in meine äußerste Position auf der Couch schiebe.

Welche Kraftanstrengung kostet dies, wie gerne hätte ich mich in seine Arme fallen lassen, einfach festhalten lassen, seine Küsse spüren, ihn fühlen, mit ihm eins sein.

Verstand: Beherrscher der Gefühle?

Spontan fällt mir die letzte Zeile eines Gedichts ein: »Wer trägt den Sieg davon, der Verstand oder das Herz?«

In dem Gedicht war es der Verstand. Es berührte mich sehr und stimmte mich traurig. Wer siegt bei uns?

Kein Abbau der Spannungen, unter denen wir stehen, die Elektrizität stärker denn je.

Mit großen, fremden Augen sehe ich mich um und frage mich gleichzeitig, was tust du hier? Was soll das Ganze? Was willst du dir beweisen? Etwa, daß du ihn nicht mehr liebst, ja, das willst du ihn glauben machen. Aufgrund deiner gezielt abgeschossenen Spitzen – die er als solche nicht erkennen kann – schaffst du es sicher, alles zu zerstören. Aber bist du nicht gekommen, um zu zerstören? Doch, du willst dich befreien, durch Zerstörung?

Bitter lache ich innerlich auf, was sich in einer schiefen Grimasse auswirkt, und denke an die vergeblichen Versuche, für einen Mann mehr als nur Freundschaft zu empfinden. Was erhalten andere Menschen, sprich Männer, von dir? Kalte Zärtlichkeiten, denke ich hart, warum nicht auch er? Doch, diesmal schaffe ich es, rede ich mir ein. Diesmal setz ich ihn auf meine seltsame Liste. Bin nicht bereit, mit ihm durch die irrationale Zeit der Jahrhunderte zu reisen, bin doch kein Spielball. Und was ist, wenn du diesmal auf das falsche Pferd setzt und es doch ein Happy End – so wie im sechzehnten Jahrhundert – gibt. Warum soll es sich nicht wiederholen, wir waren doch damals sehr, sehr glücklich.

Leise, doch störend, versucht mein Unterbewußtsein meine Seele oder die aus den Fugen geratene zweite Gehirnhälfte, meinen Verstand, zu beeinflussen. Sofort meldet sich die rationale Hälfte meines Gehirns zu Wort und artikuliert sich in bester Rhetorik. Bitte überlege dir ganz genau, was du tust und was du unterläßt. Wer sagt dir denn, wo und wie der Verbindungsschlüssel zum sechzehnten Jahrhundert zu suchen ist. Ist es Vergangenheit oder Zukunft? Jetzt befindest du dich im zwanzigsten Jahrhundert. Vielleicht war das Ganze einmal. Wer sagt dir überhaupt, daß du schon einmal mit ihm gelebt hast. Wer sagt dir, ob du nicht mit jemand anderem glücklich sein wirst. Wer sagt dir denn, daß es mehrere Leben gibt. Vielleicht sind das alles irrige Träume, Wunschgebilde? Vielleicht war es wirklich Zufall, daß ihr euch begegnet seid. Du begegnest doch so vielen Menschen.

Jetzt auch noch dieser Widerstreit in mir, denke ich und bemühe mich krampfhaft, den Faden unseres Gespräches nicht zu verlieren.

Es ist schwierig geworden, da wir an diesem Abend in unseren Themen sehr springen. Trotzdem ist der harmonische Gleichklang immer, wenn auch nur unterschwellig, zu spüren.

Sebastian hat keine Zigaretten mehr. Wie üblich denke ich, und biete ihm an, bei mir mitzurauchen. »Ich werde nach Hause gehen«, sage ich nach einer Weile und zünde mir schon wieder die nächste an. Wenn ich ehrlich bin, warte ich auf etwas. Aber würde ich es nicht wieder abblocken, wie vorhin? Nein, es ist wohl besser wenn ich gehe, kämpfe ich mit mir. Schweren Herzens stehe ich auf und hole meine Jacke.

»Ich bring dich noch hinunter.«

»Ja, gut, dann kann ich dir die Schachtel, die ich im Auto habe, mitgeben, es ist deine Marke«, sage ich gelassen, während mein Herz ein Stakkato aufführt. Sein erneuter Versuch, mich in die Arme zu nehmen und zu küssen, scheitert an meiner Steifheit – oder Sturheit? Auf alle Fälle geht dieser Kelch ungetrunken an mir vorüber, denn in meinem Kopf spuckt noch das Namensschild – Schmitt / van Dyke – herum. Gleich werde ich es wissen!

Wo ist denn dieser verdammte Lichtschalter, fluche ich innerlich, keinesfalls mehr Ladylike. Jetzt habe ich ihn. Drücke, und augenblicklich ernüchtert das kalte, nackte Neonlicht, das gnadenlos unsere Szenerie bloßstellt, die gespannte Situation. Zerrissen der Schleier des mystischen Traums.

Höhnisch grinsend springen mich die weißen Lettern auf leuchtendrotem Untergrund an – hatte mich nicht verguckt – und kerben neue Wunden im Herzen ein.

Sebastian versucht, die Situation zu retten. Verlegen schiebt er mich in den kleinen Aufzug und verlegen grinsend, seine eigene Unsicherheit überspielend, meint er: »Ich sagte dir doch, wir wollen es noch mal versuchen.«

»Oh, du brauchst dich doch nicht zu entschuldigen, ich wußte es doch, ist mir doch egal, stört mich doch nicht, ist doch nichts zwischen uns«, verteidige ich mich mit der unschuldigsten Miene, die es gibt, und ringe mir dabei noch ein Lächeln ab.

So dämlich, daß er dir diesen Schwachsinn glaubt, ist er sicher nicht, sage ich mir. Halt besser den Mund. Es ist richtiger so. Jetzt gibt es nur noch das dringende Bedürfnis, so schnell wie möglich aus seiner Nähe zu verschwinden, denn jetzt haben wir eine Mauer gebaut, die wir nicht überwinden können – denke ich!

Liebe?

Doch wir sprachen nicht von Liebe, nicht an diesem Abend. Vielleicht gerade deshalb versuchten wir uns die Bedeutung des Wortes Liebe klarzumachen. Die Assoziationen, wie Freundschaft, Zuneigung, Herzlichkeit usw., tauchte in dem Begriff Liebe auf, parallel die Gleichsetzung mit dem Wort Unendlichkeit.

Wie sollte es uns gelingen, die Unendlichkeit zu begreifen, wenn wir nicht in der Lage waren, unser erneutes Beisammensein zu begreifen? Wie sollte es uns gelingen, die Liebe oder das, was man für Liebe hält, zu erklären, wo sich bereits weit schlauere Köpfe als wir seit Jahrhunderten mit dieser Thematik Liebe und Unendlichkeit beschäftigen.

Selbst die Genies streiten sich bei der Definition des Wörtchens Liebe oder Unendlichkeit. Genau so, wie mit dem was war früher da, die Henne oder das Ei?

Ein paradoxer Zusammenhang, den wir da feststellen. Spielen wir mit den beiden Wörtern – Unendlichkeit – Liebe –, so ergibt sich eine unendliche Liebe, und somit wieder hunderttausend Fragen ohne Antwort.

Ist wahre Liebe unendlich, genau wie das

All oder das, was wir als Universum bezeichnen? Setzt sich Liebe fort über Millionen von Jahren, Milliarden oder gar Billionenjahren unserer Zeitrechnung? War sie schon immer da, wird sie immer da sein, ist sie genauso chemischer Bestandteil wie ein Atom oder Ionen zu werten? Welche Kriterien müssen wirksam werden, um die Gesetzmäßigkeit oder vielleicht den Magnetismus in Kraft treten zu lassen?

Wir diskutieren uns die Köpfe heiß, doch mit fortschreitender Stunde werden unsere Stimmen immer leiser.

»Ich habe Hunger«, unterbricht Sebastian gerade unseren Redefluß. »Hast du noch etwas zu essen da?«

»Sieh doch bitte mal im Kühlschrank nach, ob du etwas findest, was Deinem Geschmack entspricht.« Kurze Zeit später stehen wir beide in der Küche und bruzeln uns etwas zurecht.

Vermutlich weckte unser Gespräch über die Liebe nicht nur seine Sehnsucht und seine Erinnerungen, sondern auch meine. Es weckte auch unseren Hunger! Nur den körperlichen?

In der Küche stehen wir uns im Weg, im Flur können wir uns nicht ausweichen, einfach schrecklich. Diese Wohnung scheint im Moment einer Mausefalle zu gleichen. Bestimmt hat er meine Unsicherheit bemerkt, oder ist es seine eigene Verlegenheit, die ihn frozeln läßt: »Distanz, Lena, konfrontieren!«

Hab' mir wohl ein Eigentor geschossen, denke ich. »Ich kann dich jederzeit konfrontieren, von mir kommt keine Aktion, du wirst schon sehen«, erkläre ich leicht ironisch und spöttisch grinsend.

Ein abschätzender undefinierbarer Blick; Flackern seiner Augen. Schnell umschließt er mich sanft mit seinen Armen und sucht zärtlich mit seinen Lippen meinen Mund. Stocksteif, wie vom Blitz getroffen, stehe ich da und bemühe mich krampfhaft, meinen Körper unter Kontrolle zu halten, was mir meines Erachtens ganz gut gelingt. Kühl, aber nicht ganz ohne Gefühl erwidere ich seine Küsse, genau berechnet von mir, hoffe ich. Abrupt löst Sebastian seine Umarmung und zieht sich erst einmal ins Badezimmer zurück, was ich in der augenblicklichen Situation außerordentlich begrüße. Lange hätte ich diesem Spiel sicher nicht standgehalten, ohne mich zu verraten. Es ist wirklich das erste Mal, daß ich ihm für das Alleingelassenwerden dankbar bin.

Schon wieder nehmen wir unser verrücktes Mahl zu nachtschlafender Zeit ein. »Wie schon öfter«, erinnert er sich, und fragt mich dabei spontan: »Kann ich hier auf der Couch schlafen, ich bin müde.«

»Du kannst auch neben mir im Bett schlafen, ich tue dir nichts«, spöttele ich und warte gespannt auf seine Reaktion, mit der er sich Zeit läßt.

Prüfend betrachtet er mich, während ich absichtlich gelangweilt aus meinem Wohnzimmer sehe und einen Düsenjet beobachte, der langsam und zielsicher zum Landeanflug ansetzt. Beruhigend wirken die kleinen blinkenden Lichter, und fast könnte ich neidisch auf die Sicherheit und Gelassenheit des Piloten werden, der genau weiß, was er tun und was er lassen soll. Die Crew steckt bestimmt nicht in einem solch gefühlsmäßigen Chaos wie wir. Traurige Gedanken und Wehmut nisten sich tief im Innern ein.

Die Szene im Aufzug gewinnt an Klarheit: Immer der falsche Knopf, immer rasanter die Fahrt, immer kürzer die Stops, immer wieder das falsche Jahrhundert – so wie unser jetziges Zusammensein. Bald eskaliert er: dauert bestimmt nicht mehr lange, ahne ich.

Trotz meines Wissens, oder gerade deshalb, gebiete ich dem Ganzen keinen Einhalt und spiele das Spiel mit, teils passiv, teils aktiv.

Seine Stimme kommt aus weiter Ferne, richtig, ich befinde mich noch im – sechzehnten Jahrhundert.

»Aber ich tu dir sicher was! Weißt du denn, ob ich dich in Ruhe lasse?« schießt Sebastian gelassen, aber mit einem hinterhältigen Glitzern in den Augen seine Aussage ab.

Das ist mir vollkommen klar, und wahrscheinlich tue ich den ganzen Abend nichts anderes, als dich dahingehend zu provozieren, denke ich im stillen. Will ich es wirklich? Das kann und will ich jetzt nicht beantworten, nicht mal mir selbst gegenüber bin ich zur Ehrlichkeit bereit. Doch laut sage ich: »Ich sorge schon dafür, daß wir nur schlafen und du mir nichts tust.«

»Bist du dir sicher?«

»Ja, ich bin mir absolut sicher«, wiederhole ich mit fester und doch weicher Stimme.

Riskantes Spiel, das kann ich mir doch an fünf Fingern abzählen, wie das endet. Ist das Namensschild von ihr noch an seiner Wohnungstür? Weiß sie, daß er bei mir ist? Wie soll's weitergehen? Reiß dich gefälligst zusammen; es ist doch dein Spiel, oder etwa nicht?

Verlegen und uns aus dem Weg gehend, erledigen wir unsere Toilette. Schnell verschwindet er ins Bett und löscht umgehend das Licht, was mir wiederum recht ist, denn so kann ich unbesorgt ins Schlafzimmer gehen. Ganz fest rolle ich mich in meine Decke ein. Steif und lautlos wie zwei Mumien liegen wir auf Distanz im Doppelbett. Mit Sicherheit hätte noch eine Person in der Mitte Platz. Ist das finster hier, denke ich und wage nicht, mich zu rühren.

Eine lächerliche Situation, finde ich. Wie ein altes Ehepaar liegen wir hier. Sind wir vielleicht schon achtzig Jahre alt und fünfzig Jahre miteinander verheiratet?

Verrückt, denke ich und ziehe die Bettdecke noch höher, damit ich reinbeißen kann, falls ich doch noch lache. Nein, es geht nicht. Ich kann mir das Lachen nicht verkneifen. Mein Körper bebt bereits. Schon pruste ich los. »Wie ein altes Ehepaar«, platze ich heraus.

»Ja, nicht wahr, ist vielleicht witzig«, frozelt Sebastian. Hast du wie üblich die Zigaretten mitgebracht?« wechselt er schnell das Thema.

»Ja, aber deine liegen in der Stube auf dem Tisch. Ich hole sie dir«, sprudele ich hastig los, froh mich dieser Situation einen Augenblick entziehen zu können.

»Nein, nein, laß, ich hol' sie selbst«, erklärt er bestimmt. Schon macht er Anstalten, aufzustehen, rutscht absichtlich nahe und beugt sich über mich. Zum Lachen ist mir nicht mehr zumute. In dieser Stellung verharrend, kann ich sogar durch die Zudecke seinen Körper spüren, der mich in eine fiebernde Anspannung versetzt. Immer noch kontrolliere ich mich bestens, denn ich gebe weder eine Regung noch einen Laut von mir.

Langsam, zärtlich, wie um meinen passiven, aber doch spürbaren Widerstand zu brechen, umfaßt er meine Arme und legt sie um seinen Hals, was ich auch geschehen lasse. Zärtlich, noch mit gewisser Abwehr von meiner Seite, finden sich unsere Lippen, und langsam gleiten auch unsere Körper aufeinander zu.

Ein Hurrikan der Begierde fegt über uns hinweg, löscht alle Bedenken, Probleme, alle Last und Bitterkeit – doch nur für einen Augenblick. Leider befinden wir uns nicht im Auge des Zyklons, sondern inmitten der tosenden Naturkräfte, die ein enormes Ausmaß an Zerstörung hinterlassen. Unser Hurrikan – ein Orkan der Gefühle – unsere Vernichtung!

Wissen wir es? Ich würde sagen: JA! Wir wissen es beide!

Am nächsten Morgen spielen wir das für uns beide einfachste Spiel. Lächeln, höflich, rücksichtsvoll, freundlich, ein bißchen zärtlich – aber nicht zuviel – und um Lockerheit bemüht. Ein Spiel, in dem wir wahre Meister sind. Alles nur eine Farce!

Doch unsere Augen und Nerven erklären uns den Streik. Verlegenheit, fast schon Peinlichkeit, steht wie eine Mauer zwischen uns. Bleiern und panzerdick. Ein Gespräch kommt nicht zustande. Was würden wir darum geben, wäre unser Inneres so klar wie dieser Morgen?

›Wohin haben wir uns schon wieder lanciert‹, schreien wir uns telepathisch an. Die Chance ist doch verspielt! Nur unsere Augen spiegeln das Wissen darum – nicht unsere Rede.

Nachdem ich seine stummen Anklagen nicht länger aushalte, helfe ich ihm auf die Sprünge. Warum spricht er es nicht aus? Vielleicht hilft das? ›Wir sind doch durch miteinander‹, suggeriere ich. Erleichtert nimmt er es gedanklich auf und bestätigt es laut: »Ja, wir sind durch!«

Sind wir es wirklich, denken wir gleichzeitig. Zaghaft wenden wir einander zu und suchen im tiefen Grund unserer Seelen nach einer Antwort.

Nach unten

Ein Jahr ohne Sebastian war ins Land gezogen. Mein Leben veränderte sich in erschreckender Art und Weise. Ich, die ich früher immer sehr gesellig war, hatte mich zurückgezogen, so daß ich kaum noch Freunde hatte. An vielen Dingen, die das Leben lebenswert und schön machen, verlor ich einfach das Interesse. Das schlimmste daran war, daß es mir nicht auffiel. Am liebsten vergrub ich mich in meinen eigenen vier Wänden und redete in Gedanken mit Sebastian. Ich versuchte mir einzureden, er könne es geistig aufnehmen, er wisse es, es käme bei ihm an. Die Belange meiner Firma erledigte ich mehr recht als schlecht, was in der Jahresbilanz deutlich sichtbar wurde. So langsam fing auch meine Firma an – die hohen Fixkosten wie Personal, Mieten etca. – mir im Magen zu liegen. Früher mußte ich mir darum nie Gedanken machen. Ich fand das Leben öde und leer und die Krokusse, die in meinen Garten blühten zauberten in meinem Herzen keine Blüten hervor.

Fest zurre ich meinen Gürtel um den Trenchcoat, den ich trage, während ich mich mit festen Schritten gegen den böigen Wind stemme. Es ist April. Einer dieser launischen Tage. Der April, der weiß nicht, was er will, schießt es mir durch den Kopf. Und Lena – weiß die denn, was sie will?

Plötzlich ergreift mich ein inneres Frösteln, doch bevor ich lokalisieren kann, woher es kommt, bremst ein Auto seine langsame Fahrt ab und kommt zum Stehen.

»Sebastian.«

»Lena.« Stille hüllt uns ein. Ein erbostes Hupen bringt uns in die Wirklichkeit zurück. Richtig, wir blockieren den gesamten Verkehr in dieser engen Gasse. »Steig ein, Lena«, sagt Sebastian und stößt die Beifahrertür auf. Völlig benommen lasse ich mich darauf ein. Schweigen macht sich breit, keiner findet einen Anfang. Fieberhaft suchen wir nach einem Ansatzpunkt, doch alles was wir finden, ist mit Problemen behaftet und die wollen wir doch nicht wieder herbeizerren. Also frage ich: »Wie geht es den Kindern?«

Dankbar für diesen unverfänglichen Satz, antwortet er mir: »Denen geht es sehr gut, Saskia nimmt jetzt Reitunterricht, – sie fragen öfters nach dir?«

Das schmerzt, ich glaub', reden ist gar nicht gut, denke ich und schweige wieder. Nach einiger Zeit bitte ich Sebastian, mich nach Hause zu fahren. Ich fühle mich völlig hin- und hergerissen, und es wird kein bißchen besser, als er fragt, ob ich mir denn einen neuen Anfang mit ihm vorstellen könne? Er könne mich nicht vergessen.

Da ich mich nicht in der Lage sehe, Sebastian eine klare Antwort zu erteilen, schlage ich zum

Wochenende ein Treffen an einem neutralen Ort vor. Ich rechtfertige mich mit vielen geschäftlichen Terminen.

Wieder in meiner Wohnung angelangt, lasse ich mich erschöpft auf die Couch fallen. Sitze herum und male mit ausdruckslosen Augen Kringel in die Luft. Warum ist es hier nur so warm? Vielleicht solltest du mal den Trench ausziehen, denke ich und lasse ihn neben mir auf den Teppichboden gleiten.

In meinem Inneren wird ein Disput ausgefochten. »Wenn du jetzt nicht etwas unternimmst, wirst du noch verrückt«, schimpft irgendeins meiner Ichs mit lauter Stimme in mir. »Reiß dich zusammen. Mach damit Schluß, du weißt doch selbst, wohin das führt.« »Aber ich liebe ihn doch«, wende ich hilflos und zaghaft ein. »Ja und, was hat es dir gebracht außer Kummer, Leid und Sorgen. Was willst du damit?«

»Lena-Marie, werde ruhig und höre mir zu«, meldet sich eine feine, warme Stimme zu Wort. Es ist Lena, als ob sie diese Stimme aus ihren guten Träumen kennt, denen, die Geborgenheit und Liebe vermitteln. Sie hört genauer hin. »Lena-Marie, langsam wird es Zeit, daß du Entscheidungen triffst. Entferne dich von deiner Selbstzerstörung und beginne wieder zu leben. Um wirklich leben zu wollen, müssen

Menschen, auch du, einer inneren Ideologie folgen, gleich wie sie aussehen mag, es muß ein Ziel, einen Traum geben, an den sie glauben können.«

»Weißt du, wer immer du auch sein magst, ich stelle mir des öfteren in letzter Zeit die Frage, ob ich nicht einfach abtrete von der Bühne des Lebens. Sag mir, bist du der Meinung, daß ich in diesem Leben nochmals glücklich werde, daß dieser Kampf sich lohnt.«

»Gut, Lena-Marie, zählen wir Gründe auf, warum du leben mußt: du mußt leben, weil du deinen Mist, ein Wörtchen deiner Sprachbezeichnung, nicht einfach liegenlassen kannst. Du hast den Menschen sehr viel zu geben und zu sagen. Du hast Menschen, denen du verpflichtet bist. Du wirst bestimmt noch einen Mann kennenlernen, der dich liebt und du ihn. Du wirst noch glücklich werden. Außerdem bist du nicht in der Lage, Selbstmord zu begehen, und wenn, würden wir dies zu verhindern wissen. Also brauchst du nicht einmal daran zu denken. Im Grunde genommen ist es gleichgültig, was du jetzt tust und wie du beginnst, denn du mußt dich jetzt überwinden, anzufangen und ja zum Leben zu sagen. Dann wird es sich innerhalb kürzester Zeit verändern.«

»Zu schön, um wahr zu sein, bestimmt habe

damit sicher noch ein paar Jahre zu kämpfen«, versucht Lena sich zu verteidigen und spürt selbst, wie schwach es klingt. Verzagt fragt sie: »Bringe ich die Kraft auf, das durchzustehen?«

Die Stimme lacht und sagt nur: »Was hast du denn anderes in den letzten Jahren getan, allerdings ohne wirkliches Wollen.«

»Wirkliches Wollen«, wiederholt Lena etwas ratlos.

»Ja, ich meine deinen inneren Willen, die Zielstrebigkeit, nicht deinen Egowillen. Dieser war doch ständig nur verletzt – seit Mark – und konnte beliebig von Hoch auf Tief manipuliert werden. Erinnere dich einfach mal daran, wie oft du dir vorgenommen hattest, dein Leben zu ändern. Ja, hättest du das Wollen, die Intention hinter dem Willen eingesetzt, so hättest du es längst geschafft. Hundertprozentiger Wille, nicht dein Egowille, daß wir uns da richtig verstehen, ändert jede Situation im Handumdrehen. Dies nur mal zu einem Verständnis. Du, und niemand anders trifft jetzt die Entscheidung, wie dein Leben weitergeht. Merke dir diesen Satz:

Du mußt, um eine Materialisation aus dem Geistigen in der realen Welt zu erreichen, die Konzentration des Willens einsetzen, um die Materialisation im Irdischen zu erreichen.«

Die Stimme ist verstummt, alle Stimmen sind verstummt. Frieden und Ruhe ziehen ein, und ein Hoffnungsschimmer erscheint am Horizont. Kurze Zeit danach gehe ich ins Bett und schlafe so gut wie schon seit langem nicht mehr. Mir ist, als ob ich genau meine Entscheidung kenne.

Am Morgen danach scheint die Sonne, der Wind hat sich schlafen gelegt und ich begrüße freudig diesen Tag. Einer der seltenen guten Tage in dem letzten Jahr, stelle ich im nachhinein fest. Und auch was Sebastian betrifft, weiß ich genau, was ich tun werde. Ich sage ihm, daß es keine weitere Chance gibt.

Den ganzen Tag beschäftigt mich dieser Gedanke, und schließlich schreibe ich einen Brief.

Lieber Sebastian,
eines solltest Du vorab wissen. Ich liebe Dich von ganzem Herzen und von ganzer Seele. Liebe Dich so tief, daß es schmerzt.

Donnerstag, 23. April, 0.30 Uhr!
Versuchte Dich telefonisch bis eben zu erreichen, was mir aber nicht gelang. Immer nur Freizeichen. Ich nehme an, Du bist bei Sabine. Sollte ich Dir Unrecht tun, so verzeih bitte.

Du kennst den Traum mit dem Aufzug. Darin ist eine Passage enthalten, die lautet: Halt, stop, ich kann nicht mehr . . . Du kannst es nachlesen, die Kopie hast Du.

Es tut mir leid, aber ich kann nicht zulassen, daß meine Liebe zu Dir mich zerstört. Ich weiß, ich bin selbst Schuld daran, daß ich so etwas zulasse. Leider habe ich keine Kraft mehr für dieses wechselvolle Spiel von Leid und Glück. Eigentlich wollte ich Dir die Chance einer Entscheidung zwischen Sabine und mir einräumen und Dir sozusagen ein Ultimatum stellen, aber auch das ist unmöglich, da Du Dir selbst über nichts im klaren bist. Andererseits ist es wiederum auch unfair, Dir diese Chance nicht zu lassen, denn damit beraube ich Dich Deiner freien Wahl. Du willst Dir Dein eigenes Leben aufbauen, sagtest Du ursprünglich; das sollst Du auch. Ich würde Dich daran hindern, wenn ich eine Entscheidung verlange.
Bitte versteh mich, es fällt mir schwer, Dir diesen Brief zu schreiben, aber ich möchte jemanden haben, der auch wirklich zu mir hält, fest zu mir steht und mich liebt. Sex kann ich überall bekommen. Ist das zuviel verlangt?

Eigentlich ist mir im Innersten meines Herzen klar, daß ich Deine Entscheidung kenne, auch wenn sie nicht ausgesprochen ist. Sie bedeutet das absolute Nein für unsere Liebe und unsere gemeinsame Zukunft. Aber ich bin soweit zu sagen; es ist mir egal. An diesem Punkt bin ich jetzt angelangt. Leider!

Nach eingehender Überprüfung meiner Lebensumstände ist Fakt, das meine Lebenserwartung – die ich habe – auf ein Minimum reduziert wurde. Dieser Satz über Selbstzerstörung, der mir vor einiger Zeit am Telefon unabsichtlich herausrutschte, ist für mich verdammt bitterer Ernst. Da mein Verstand noch arbeitet, kann ich es leider nicht zulassen. Ich werde versuchen, es selbst für mich wieder in Ordnung zu bringen.

Es tut mir leid, für Dich, für mich, aber ich bin wirklich am Nullpunkt angelangt und kann nicht mehr.
AUS DIESEM SPIEL STEIGE ICH AUS!

Ich liebe Dich unsagbar und wünsche Dir alles Glück der Welt.

P.S. Wie Du siehst, lasse ich mein Leben nicht von meinen Träumen bestimmen, sondern nehme es selbst in die Hand.

Eine Sache beschließen und sie niederzuschreiben – so wie diesen Brief – ist doch wahrlich etwas anderes, als sie in die Tat umzusetzen. Bin ich denn wirklich aus diesem Spiel ausgestiegen, oder bin ich meine eigene Gefangene? Abend für Abend sitze ich in meiner Wohnung, unfähig, irgendwelche Dinge zu tun, die mir früher immer Spaß machten, und warte oder hoffe auf seinen Anruf. Verzweifelt denke ich: Es muß doch zu schaffen sein, über diese Liebe hinwegzukommen, sie zu vergessen, sie zu verarbeiten. Die einzige, die mich versteht, ist Corinna, eine Freundin.

Als ich sie heute abend besuche – eine der noch wenigen Aktivitäten –, bittet sie mich um ein Bild von Sebastian und mir, mit der lakonischen Bemerkung: »Du bekommst es in ein paar Tagen wieder.«

»Wozu?« frage ich erstaunt.

Verschmitzt grinst sie mich an und meint: »Hab' ich es dir noch nicht erzählt« – kunstvoll macht sie eine Pause, um die Spannung zu erhöhen – »daß ich morgen einen Termin bei einer Hellseherin habe, und ich darf auch Fragen über andere Personen stellen, die mir am Herzen liegen. Mich würde der Ausgang eurer Geschichte interessieren, denn die finde ich im Moment spannender als einen Roman.«

»Ist ja auch eine Love-Story«, werfe ich ein und bekomme feuchte Augen. Verschämt drehe ich meinen Kopf zur Seite, um mich vor Corinna nicht zu blamieren, obwohl ich sicher bin, sie würde es verstehen.

Was schrieb dieser Reporter gleich noch? Unsere Stadt hätte eine der höchsten Scheidungsquoten und wäre äußerst beziehungsfeindlich. Aber Love-Storys gibt es in Mengen, stößt es mir bitter auf. Wie recht er hat. Auch Corinna hat ihre Love-Story, und das ist sicher der Grund, weshalb sie zur Wahrsagerin pilgert.

»Aber, Corinna, du kennst doch den Brief. Ich bin aus dem Spiel ausgestiegen, da gibt es keine Fortsetzung mehr. Das war doch von Anfang an ein totgeborenes Kind«, versuche ich sie zu überzeugen, daß die Beziehung zwischen Sebastian und mir zu Ende ist. Es bringt nichts, sie läßt sich nicht in ihrer Meinung beirren, daß es doch noch ein Happy-End gibt. Sie geht mir auf die Nerven.

Ihr Resultat ist: Sebastian und Lena werden in absehbarer Zeit heiraten! Ich tippe nur an die Stirn und sage, »hör auf zu spinnen.«

Entweder fehlt ihr heute die Überzeugungskraft, oder mir der Glauben. Oft sind es selbst meine Gedanken und meine Wünsche, aber für meine Begriffe ist alles aus.

»Lena, nur dein Verstand ist durch, nicht dein

Gefühl. Du liebst ihn doch immer noch, gib es zu.«

»Ja, sicher, aber es bringt nichts«, argumentiere ich.

»Warte es ab, was die Wahrsagerin sagt«, ist ihre Meinung. Gerne würde ich ihr jetzt erzählen, was die anderen sagten, aber ich will ihr kein Wissen mitgeben, das man telephatisch anzapfen kann. Lustlos sitze ich auf der Couch bei ihr und weiß nichts Rechtes mit ihr noch mit mir anzufangen. Schließlich sage ich: »Es ist wohl besser, wenn ich nach Hause fahre.«

Kommentarlos läßt sie mich gehen, behält aber wohlweislich das Bild bei sich.

Froh, mir den frischen Nachtwind durch die Haare wehen zu lassen – dem es auch nicht gelingt, mich aus meiner Lethargie zu reißen –, tuckere ich nach Hause. Es stört mich nicht, daß mich fast alle Autos überholen. Viele Erinnerungen, Sehnsüchte und Wünsche drängen in mein Bewußtsein und kämpfen um den ersten Platz. Diese melancholische Stimmung; sicher ist nur die laue Sommernacht daran schuld. Mein Körper, meine Seele, alles schreit nach Liebe, Zuneigung und Vereinigung, und wieder, wie so oft, frage ich mich, was macht er jetzt?

Mit Schaudern denke ich an die einsame

Nacht und mein Gedankenkarussell, bis es mir gelingen wird, einzuschlafen. Mit Sehnsucht, dessen Hunger wieder nicht gestillt ist, begebe ich mich zu Bett. Mit offenen Augen starre ich in die Finsternis und versuche zu beten. Zu oft scheitern auch diese Versuche, denn ich weiß nicht, was ich beten soll. Ich kann doch nicht ständig um etwas bitten. Vielleicht, um ihn zu bekommen, oder soll ich etwa für den schönen Tag danken, den fand ich gräßlich, etwa um Gesundheit, ich fühl mich doch mies. Käme mir verlogen vor, wenn ich jetzt beten würde, wahrscheinlich würde ich nur egoistische Wünsche loswerden wollen. Also laß ichs lieber sein, das ist ehrlicher. Völlig ermattet fallen mir irgendwann zu vorgerückter Stunde die Augen zu.

Freudestrahlend umarme ich Sebastian, der neben mir im Bett liegt, und frage ihn gleichzeitig erschrocken, wie er denn ohne Schlüssel in meine Wohnung käme. »Warum hast Du mich nicht geweckt?«

»Ich komme überall rein«, erwidert er lächelnd. »Du hast geschlafen. Ich wollte dich nicht wecken.«

Mitten in meiner Umarmung und Freude lasse ich ihn abrupt los, denn mir fällt ein, daß er nicht zu mir gehört. Ich stoße ihn zurück, denn

Sabine steht unsichtbar wie eine Barriere zwischen uns. Daraufhin steht er wütend auf und geht ins Wohnzimmer. Alles, was er anfaßt, geht merkwürdigerweise zu Bruch, aber seltsamerweise nur die schwarzen Möbel. Obwohl ich im Bett liege, kann ich sein Treiben – geistig – sehr gut in der Stube betrachten.

Durch den Schock schnelle ich im Bett hoch, denke, das war nur ein Traum, und trotzdem ist mir, als ob sich alles in der Realität abspielen würde. Noch immer spüre ich unsere Umarmung und sehe seine Konturen vor mir. Für einen Traum fast zu plastisch.

Mit zittrigen Fingern stecke ich eine Zigarette an, die das Traumbild auch nicht verschwinden läßt. Längst habe ich aufgegeben, Träume aus den Büchern zu deuten, denn sie sind kaum noch in Mystik verpackt, und wenn, dann gelingt es mir sofort, sie ohne alle Hilfen zu deuten. War dies ein Traum, versuche ich das ›Geschehene‹ zu hinterfragen, oder war es eine Manifestation? Viele merkwürdige Ereignisse in unserer gemeinsamen und doch getrennten Phase rücken im Gedächtnis wieder in den Vordergrund. Auch die letzte halbe Stunde – oder waren es nur Sekunden – muß ich in die nicht erklärbaren Situationen einstufen. Oder war es vielleicht doch real – nur nicht auf der normalen –, sondern auf der metaphysischen Ebene?

Tage später ruft mich Corinna an und sagt: »Lena, du wirst es nicht glauben, was die Wahrsagerin über euch sagt.«

Noch bevor ich ihr eine Antwort geben kann, wechselt sie sprunghaft das Thema und erzählt ausführlich erst einmal ihre Geschichte, wofür ich auch Verständnis habe. Doch leicht ungeduldig werdend, unterbreche ich sie mit den Worten: »Bitte, sei so lieb, und erzähl mir erst ganz kurz, was sagt sie zu Sebastian und mir?«

»Sei nicht so ungeduldig, ich erzähl' ja schon. Also, er kommt wieder zurück.«

»Das hatten wir schon öfter«, falle ich ihr brüsk ins Wort. »Weiter«, dränge ich.

»Nein, diesmal ist es endgültig, und er wird um dich kämpfen, während du dich passiv verhältst. Eigentlich magst du nicht mehr, sagt sie, aber er kämpft um dich und es wird gut.«

»Ach Corinna, du weißt, ich bin durch, und du kennst den Brief, das sind jetzt fast acht Wochen her, und er hat sich nicht mal gemeldet.«

»Ich glaube es, wart's ab«, bekomme ich zur Antwort, »denn ich bin sicher, daß das was sie über meinen Freund und mich sagt, auch stimmt.«

Ist das alles verwirrend. Ich erzähle ihr daraufhin, daß ihre Wahrsagerin jetzt die dritte

Person mit einer fast identischen Aussage sei. Langsam reicht mir dieses ewige Hin und Her, und ich beschließe, die vermaledeite Angelegenheit – auch geistig – zu beenden; vor allem geistig. Ich stelle für mich fest, daß ich mich viel zu viel mit ihm beschäftige. Er füllt mein ganzes Denken aus, und alles andere tritt in den Hintergrund. Spontan nehme ich eine Einladung über Pfingsten an und hoffe dadurch auf andere Gedanken zu kommen. Der Kreisel, in dem ich mich befinde, soll endlich durchbrochen werden.

Zeit heilt alle Wunden?

Wieder ist ein Sommer ins Land gezogen. Wieder bin ich wie des öfteren völlig unkonzentriert in der Firma. Verschiebe alle Entscheidungen, schichte wichtige Papiere von einer Ecke zur anderen und denke bei jedem Anruf, das könnte er sein, und die Telefone klingeln pausenlos. Er, jener, der mir gestern abend seine Liebe schwor, nur ich zähle noch, keine andere, weder Martina, Sabine, Sylvia noch irgendwer. Nur noch ich zähle für ihn, ich.

Sitze tatenlos am Schreibtisch und fange an zu rechnen, versuche unsere ganze Geschichte zu rekonstruieren. Wie lange sind wir zusammen? Zusammen; das ist die falsche Wortwahl, zwei Fremde, die immer kurzzeitig Freunde sind und versuchen, ein Leben zu leben, statt zwei. Dreißig Monate, rechne ich nach. Doch wenn ich die Auszeiten abziehe, verbleiben maximal sechs Monate: eine zu kurze Zeit. Normal reicht sie nicht aus, um sich überhaupt kennenzulernen, doch für uns sind sechs Monate gleichzusetzen mit sechs Jahren. Intensivstes Erleben!

Leben, jede Sekunde auskosten, so als ob wir von Anfang an wüßten: wir haben keine Zeit. Oft sprachen wir darüber und beschwerten uns gegenseitig, wir bekämen nie genug Schlaf, oder die Zeit zerrinne uns unter den Fingern. Immer war es, als wollten wir die Zeit zum Stillstand zwingen; irgendwie ahnten wir mehr als wir mit fünf Sinnen erfassen konnten: Wir haben einen Feind – die Zeit! Unsere von Menschenverstand geschaffene Zeitrechnung, auf unserer Ebene, in unserer Dimension. Die Zeit arbeitet gegen uns, nicht für uns – ist mein augenblickliches Fazit.

Einerseits begrüße ich, daß es dreißig Monate später ist, andererseits verfluche ich die Zeit, aber auch nur deshalb, weil sie mich meiner Illusionen und meines Glaubens an die Liebe beraubt hat. Wann hab' ich aufgehört zu glauben? Zu glauben an ihn, an seine Worte, an mich, an unsere gemeinsame Zukunft. Es ist nicht mehr feststellbar. Irgendwann im Laufe der Zeit bekam die Schüssel einen Sprung und alles zerrann, alles versickerte im irgendwo – auch mein Glaube.

Aber andererseits heißt es immer ›Phanta-Rhei‹, alles fließt, und wenn alles fließend ist, muß sich auch alles wieder verbinden und wird somit an den Ursprung zurückkehren. Das Wassertröpfchen sinkt in den Boden, verbindet sich mit seinesgleichen, fließt unterirdisch weiter oder tritt als Quelle zutage, wird ein Bach, Fluß und kommt als geschlossenes Ganzes wieder im Ozean an. Dort beweist es als Gesamtheit seine Stärke und Kraft – oder der Tropfen kann genausogut vertrocknen.

Als ich diese Überlegungen anstelle, denke ich: Vielleicht verhält es sich mit meinem Glauben an uns genauso, und ich bin bereit, wieder eine Hoffnung zu nähren.

Doch der Tiger der Angst sitzt mir lauernd im Genick, zum Sprung bereit, um wieder zuzuschlagen, und diesmal vielleicht, um endgültig zu töten. Was? Unsere Liebe, mich, mein

Glück? Ich kann den Tiger sehen. Vor mir liegt die große kahle Steppe. Sie ist voller Gefahren. Und weit entfernt am Horizont das rettende Unterholz. Voller Angst frage ich mich ernsthaft: Besteht die Möglichkeit, es zu schaffen? Wenn ich es nicht probiere, werde ich es nie erfahren; wenn ich es probiere und dabei kaputtgehe, was dann?

Warum bin ich gestern Abend nur ins ›Elysee‹ gegangen? Vorher ging es mir doch wirklich phantastisch, ruhig und ausgeglichen. Hatte ihn losgelassen. Warum kann ich nicht endlich mal auf meinen Verstand hören. Verdammte Gefühlsduselei, fast bin ich gewillt laut zu schreien, doch das geht nicht. In genau 45 Minuten findet die geplante Konferenz statt. Wie soll ich mich heute behaupten, ich habe wahrlich andere Probleme, und ausgerechnet heute muß ich klare Logik einsetzen, Geduld und Raffinesse beweisen. Die Situation ist kritisch genug. Ich brauche einen Erfolg, denn ohne Projekt kein Geld, schwirren meine Gedanken wie ein aufgescheuchter Hornissenschwarm durch mein Gehirn.

Was ist nur los mit mir? Ausgerechnet jetzt bin ich voller Aggressionen und innerer Kämpfe.

Fahrig schnelle ich von meinem Stuhl hoch, ihn dabei heftig nach hinten stoßend, kaum meiner Unruhe Herr werdend, und eile zum Waschraum. Kaltes Wasser, vielleicht hilft das? Meine Hände am Waschbecken festhaltend, sehe ich mich als fremdes Wesen im Spiegel an. Lena, lächle – doch daraus wird nur eine verzerrte Grimasse. »Was ist nur mit dir los«, höre ich mich plötzlich laut reden. Erschrokken sehe ich mich verstohlen um. Gott sei Dank bin ich allein hier. Nochmals versuche ich mich zu beruhigen. Lächle! Es geht nicht, und gleichzeitig umkrampfen meine Hände nun stärker den Rand des Waschbeckens.

Verstand hin – Verstand her, so geht das nicht. Schnappe mir die Autoschlüssel aus der Handtasche und tobe Richtung Parkplatz zum Wagen. Höre im Vorübergehen noch, wie jemand sagt: »Aber wo wollen Sie hin, Frau Mertens, in einer halben Stunde ist Sitzung.«

»Muß noch etwas erledigen. Hoffe, bin rechtzeitig zurück, wenn nicht, fangt ohne mich an.« O fein, so was hat der von dir noch nie gehört, denke ich und spüre seine verwunderten Blikke wie Nadelstiche in meinem Rücken. Muß nachher mal kontrollieren, ob seine Kinnlade wieder eingerastet ist, übe ich mich im Sarkasmus. Sogar mein Wagen beschwert sich über meine Behandlung. Schönen Gruß vom Getriebe, Frau Mertens, während krachend der Rückwärtsgang da landet, wo er hingehört. Die Musik dröhnt mich in voller Lautstärke an und mein Trommelfell erklärt mir, daß es gleich platzt. Mit aufheulendem Motor und quietschenden Pneus, das Steuer krampfhaft umklammert, jage ich über die Abfahrt des Parkhauses der Straße zu.

Denke nur noch, daß ich diese Spannung irgendwie loswerden muß. Warum reagiere ich nur so? Egal, weiß es nicht!

Ziellos presche ich auf die Autobahn und drücke das Gaspedal bis zum Anschlag durch. Bist du wahnsinnig? Die Schilder erlauben nur 80 km, während die Tachonadel bereits auf 160 km steigt. Bei einem waghalsigen Überholmanöver zeigt mir ein lieber Verkehrsteilnehmer den Vogel. Am liebsten würde ich ihn jetzt noch mehr schockieren, und Aggressionen entladen sich, indem ich mit den Fäusten aufs Lenkrad schlage. Fühle mich wie ein Wildpferd, daß irrtümlich in eine Koppel gerät und jetzt auch noch zugeritten werden soll.

Etwas ruhiger geworden, fahre ich in die Firma zurück. Natürlich hat die Sitzung schon begonnen. Aber das bekomme ich schon hin, denke ich wieder etwas zuversichtlicher. Murmele eine Entschuldigung, die natürlich angenommen wird, doch Verwunderung in den

Mienen der Herrschaften spiegelt deren Neugierde ob meines seltsamen Verhaltens.

Kurz blitzt noch einmal der Gedanke an Sebastian auf. Du mußt das heute noch klären. Teste ihn! Danach nimmt mich die Arbeit gefangen und läßt mir keinen Spielraum für private Überlegungen.

Endlich zu Hause, ein langer Tag, schlimm, hektisch, aber auch sehr schön. Ich liebe meine Arbeit!

Na gut, testen wir an, ob du bereit bist, voll hinter mir und meiner Firma zu stehen.

»Hallo Sebastian, hier ist Lena. Wie geht es dir ... bin gerade nach Haus gekommen und müßte noch einige Texte für die neue Werbekampagne ausarbeiten, morgen ist Abgabeschluß.«

»Und du möchtest, daß ich dir dabei helfe«, fällt Sebastian mir ins Wort.

»Ja, das wäre toll«, strahle ich ins Telefon, obwohl er mich nicht sehen kann.

»Na gut, dann bin ich in einer Viertelstunde bei dir«, sagt er und hängt ein.

Verdutzt starre ich die Sprechmuschel meines Telefonhörers an, und frage mich allen Ernstes: Soll ich ihm glauben, steht er wirklich zu dir? Ich beschließe, erst einmal abzuwarten. Typisch, wieder nichts zu essen im Haus. Wir lassen es uns kommen – wie üblich. Kennen wir schon, dieses Spiel und nehmen es gelassen hin. Arbeiten beide an den Unterlagen und schaffen es, sie zu unserer Zufriedenheit fertigzustellen. Eigentlich könnte ich glücklich und ausgeglichen sein, doch diese merkwürdige Unruhe und das dunkle schwere drückende Gefühl lassen mich nicht los.

Reden wieder nur über Allgemeines, nicht über uns. Das einzige ist der Aufzug – der scheint uns tatsächlich zu beschäftigen, ob wir es zugeben wollen oder nicht, immer wieder kommen wir darauf zurück – Sebastian bezeichnet ihn als ›Aufzug der lebenden Leichen‹.

»Setzen wir doch lieber ›Zombie‹ dafür ein, ist das nicht treffender, was hältst du davon«, frage ich. Geistesabwesend sitzen wir da und hängen unseren Gedanken nach, sehen uns spontan an und sagen zur gleichen Sekunde: »Sechzehntes Jahrhundert?. . . Du auch? . . . Das darf . . .«, brechen wir verlegen unseren gemeinsamen Monolog ab, der uns an zu viele glückliche Situationen erinnert. ». . . doch nicht wahr sein«, wollten wir wie aus einem Munde sagen. Versuchen weiterhin sachlich zu bleiben. Setzen uns mit »Deuteronomium« auseinander und stellen fest, es ist die griechische Vokabel für das sechste Buch Moses. Sehr vernünftig, unsere Gespräche, intelligent und klug geleitet.

Alkohol befindet sich im Haus, doch er mag keinen. Erklärt mir, er hätte heute morgen noch einen schweren Kopf von gestern abend.

Kein Wort mehr über Liebe, kein Wort über eine gemeinsame Zukunft, nichts mehr von all den schönen Worten – die gestern wie Balsam die Seele heilten.

Tatenlos und wie gelähmt beobachten wir die fleißigen Handwerker, die in Windeseile unsere unsichtbare Mauer gekonnt hochziehen. Warum unternimmst du keinen Versuch, dieses verdammte Ding niederzureißen? Siehst du denn nicht, daß sich Zement und Mörtel schon verhärten, und du, du siehst nur gelassen zu, bäume ich mich innerlich auf. Resigniert und hilflos frage ich nur noch: »Bleibst du heute nacht hier?«

Er antwortet sofort und ohne zu überlegen: »Ja.«

Etwas in mir ist hellwach und versucht die Situation genau zu analysieren. Ist es nicht zu spät? Die Mauer ist doch bombenfest, und als Grenze wird sie schärfsten bewacht. Alle Mauern die Grenzen darstellen, spiegeln sich in meinem Innern wider, und ich denke an das große Elend und Leid, das sie über Menschen bringen. Die chinesische Mauer, die ehemalige Mauer zwischen Ost und West, Mauern mit eingesetztem Stacheldraht, Selbstschußanlagen. An Mauern, die Städte abgrenzen, Länder angeblich beschützen, Zivilisationen vor dem Aussterben bewahren, alle diese Mauern sehe ich vor mir, und trotz allem besteht immer noch etwas, was der Mensch Glaube nennt. Glaube an die Freiheit, Gerechtigkeit und Glaube daran, daß auch irgendwann die stärkste Mauer fällt.

Unsere hingegen besteht aus? Ja, aus was? Einer Legierung, deren Auflösung dem besten Chemiker nicht gelingen würde. Nur wir kennen die Formeln. Wir ließen zu, daß die Handwerker sie aus Substanzen – wie Haß, Stolz, verletzte Eitelkeit, Mißtrauen, Lüge und Betrug – errichten durften, und doch. Liebe und Glaube sind noch darin enthalten. Noch sind wir in der Lage, die Zusammensetzung der Elementbauteile zu bestimmen, doch nicht mehr deren Molekularstrukturen, um deren Auflösung vorzunehmen.

Frühzeitig, für unsere Begriffe gehen wir zu Bett. Und nun, denke ich, was kommt jetzt? Dem ganzen Abend fehlte schon die Zärtlichkeit und auch das freie Lachen. Sicher, hochgeistige Gespräche führten wir, ruhig, gelassen, ohne Emotionen, aber eben wie Fremde.

Nein, das ist auch nicht richtig, dazu sind wir zu gut aufeinander eingespielt.

Noch während ich meine Gedanken sortiere, werden wir miteinander schlafen, will er es überhaupt, will ich es, hat er Lust –, zieht Sebastian mich zu sich heran und beginnt mit dem Vorspiel. Ich, die sonst immer den Sex genieße und alle Berührungen wie prickelnden Champagner auf der Zunge empfinde, spüre, wie ich mich verkrampfe, weder entspannen, noch loslassen kann. Das Instrument, auf dem der Solist die Saiten streicht, ist falsch gestimmt oder gar nicht?

»Sebastian, Liebling, ich bin ein bißchen verkrampft, hab Geduld mit mir«, gebe ich leise, wie um Entschuldigung bittend, von mir, umfasse sein Gesicht und streichle es sanft.

»Du bist nicht verkrampft«, kommt die lakonische Antwort, die mich keineswegs befriedigt. Warum küßt er mich nicht, warum tut er nichts, warum reißt er nicht die Mauer ein . . . ich bin schon ganz verzweifelt und verkrampfe mich immer mehr.

Sein Orgasmus, jetzt schon, das ist doch nicht möglich, kann doch nicht wahr sein. Völlig unbefriedigt ist für mich der Akt zu Ende. Ich wende mich zur Seite und zünde mir eine Zigarette an. Erst einmal tief Luft holen.

Er spürt vermutlich meine Unzufriedenheit, denn mit schiefem Lächeln grinst er mich an und sagt: »Schlechtes Timing«, worauf ich nicht mal eine Antwort gebe.

Brav rollen wir uns danach in unsere Decken ein, löschen das Licht und warten auf den erlösenden Schlaf. Nach einer langen Weile frage ich ihn: »Kannst du nicht schlafen, Liebling?«

»Doch«, kommt die unmittelbare Antwort.

Für jemanden, der schlafen kann oder schon geschlafen hat, bist du aber ganz schön wach, denke ich und unterdrücke meine aufkeimende Wut, die beim Erwachen am nächsten Morgen in den leuchtendsten Farben brilliert.

Völlig gereizt tigere ich durch die Wohnung, könnte alles kurz und klein schlagen, doch Sebastian steht fröhlich und gelassen auf – ein Glück, daß er nicht einer der Typen ist, die morgens lauthals trällern, sonst könntest du dir das jetzt anhören, denke ich boshaft. Nichts, aber auch nicht das kleinste Anzeichen deutet auf Aggressivität oder Unzufriedenheit seinerseits.

Natürlich lasse ich mir nichts anmerken und strahle smail in den großartigen Morgen.

Erleichtert fahre ich endlich los.

Laute Musik und immer wiederkehrende Gefahrensituationen, heraufbeschworen durch mein rasantes Tempo, beruhigen meine äußerst angespannten Nerven kein bißchen. Ist mir egal. Und damit versuche ich es abzuhaken, wie so oft in den letzten Monaten.

Nein, doch nicht egal. Die Tickets häufen sich, die Firma geht den Bach hinab, und ich kann mich nicht mehr ausstehen. Langsam wird mir mein Verhalten unverständlich, denn eigentlich habe ich alles, was ich erreichen wollte. Aber ist es das, was du wirklich wolltest, frage ich mich analytisch. Vor was hast du denn plötzlich Angst? O Scheiße, ist es tatsächlich Angst?

Ach, irgendwie paßt das alles nicht, Ach Mist! Und wieder trete ich das Gaspedal bis zum Anschlag durch. Voller Wut denke ich: Er ist ruhig und ausgeglichen, und ich? Rollentausch, denke ich spontan. Na bravo, jetzt hast du es geschafft.

Endlos zieht sich der Tag in die Länge. Keiner kann mir heute etwas recht machen und viel zu fragend werde ich angesehen. Muß mich sehr stark zusammenreißen, um keinen Eklat zu produzieren, denn meine Gereiztheit steckt bereits das ganze Team an. Am Nachmittag greife ich spontan zum Hörer, um mit ihm zu reden. Pech, er ist nicht zu erreichen. Ich hatte mich so weit durchgerungen, ihm zu sagen, daß diesmal endgültig Schluß sei. Ich halte die Anspannung nicht länger durch. Gegen Abend versuche ich nochmals, ihn zu erreichen. Wieder nichts. Bin entsetzlich wütend, weil ich meine Emotionen nicht loswerde. Weiß nicht mehr, was ich machen soll. Na, ja, vielleicht hilft dir ein doppelter Whisky, denke ich, und schenke mir reichlich davon ein. Starre mein Telefon an, doch dieses Scheißding ist auch mausetot.

Erstaunt über das Ich, das an die Oberfläche drängt, betrachte ich fasziniert diese zweite Persönlichkeit. Entschieden wehre ich mich, weiterhin die duldsame, verzeihende und verständnisvolle Lena zu sein. Andererseits erschreckt mich die andere Person, die immer mehr an Kraft gewinnt. Allein ihre Sprache enthält vulgäre Ausdrücke und läßt die Noblesse vermissen. Eigentlich mag ich mein zweites Ich nicht. Ich empfinde es als herzlos, immer nur auf seinen Vorteil bedacht und überwiegend vom Ego beherrscht. Was ich früher nie für möglich gehalten hätte, jetzt weiß ich, daß dieses Ich auch in mir existiert. Es ist wohl besser, ich lerne es zu akzeptieren und in meine Persönlichkeit zu integrieren, denn wenn ich es negiere, wird es sich mit der Zeit auflehnen und mein Leben in Schutt und Asche legen. Und wer weiß, ob ich dann nicht auch noch zur multiplen Persönlichkeit avanciere. Doch ist es nicht ein bißchen viel verlangt, sich ausgerechnet jetzt damit zu befassen, Jetzt, wo ich voller Wut bin, Liebeskummer habe und nicht mal weiß, ob mein Befund wirklich gutartig ist und ich nicht doch sterbe. Und außerdem habe ich einen ziemlich groben Fehler in der Firma begangen; den umsatzstärksten Kunden vergrault. Damit habe ich mein Unternehmen gefährdet. Woher soll ich nur die ganze Kraft nehmen, um das alles wieder in Ordnung zu bringen.

Ist schon merkwürdig, durch Sebastian habe ich viel gelernt, vor allem Dinge, auf die ich gut und gern hätte verzichten können. Jetzt weiß ich, was Eifersucht, richtige Wut, Haß, Neid, Mißtrauen, Ärger, Kampf, Kranksein, »Kater haben«, Sorgen machen, Tränen, Hilflosigkeit, Ohnmächtigkeit bedeuten. Ach ja, richtig, Sarkasmus, zählt auch dazu. Es ist wirklich erschreckend; dies in der kurzen Zeit. Es sind kaum zwei Jahre her, und doch ist mir, als ob es eine Ewigkeit wäre. Wie war es denn davor? Anders, das steht eindeutig fest, denn all diese Eigenschaften waren mir fremd.

Freiheit?

»Wenn ich Lust und Laune habe, bin doch ein freier Mensch«, gibt mir Sebastian patzig am Telefon zur Antwort auf meine Frage, wann er gedenke, mich wieder anzurufen. Trotzdem kann ich mir nicht verkneifen nachzufragen, und schon wieder hat er den Eindruck, ich wolle ihn festnageln. Völlig pikiert reagiere ich auf seinen Satz ». . . freier Mensch«. Antworte spitz: ». . . bin doch auch ein freier Mensch und kann tun und lassen, was ich will« und knalle den Hörer auf. Des öfteren laufen unsere Telefonate so und so ähnlich ab, und unsere Treffen werden wieder seltener.

Der Begriff »freier Mensch« bleibt mir geradezu im Halse stecken, und im Geiste fange ich mit Sebastian eine Diskussion an.

Weißt du denn, was Freiheit bedeutet, bist du denn wirklich frei? Du und kein anderer bist doch derjenige, der sich in den eigenen Fallstricken gefangen hat. Oder glaubst du vielleicht, man ist frei, wenn man die Verantwortung scheut? Sich scheut, zu dem zu stehen, was man noch vor zwei Tagen aus ehrlichem Herzen sagte und meinte.

So wie du um deine Freiheit kämpfst, hast du sie doch längst verloren. Freiheit bedeutet auch loslassen, doch du kämpfst, auch um mich, willst mich festnageln, mich gefühlsmäßig binden, um dir meiner Liebe sicher zu sein, und dich willst du damit befreien. Daß ich nicht lache ... Denk doch an die vielen Sklaven im Mittelalter, die den weißen Herrschaften dienen mußten. Fast alle kämpften oder wünschten sich zumindest die Freiheit. Überleg mal, je mehr sie dagegen revoltierten, desto stärker wurde der Druck der Knechtschaft. Nur wenige verstanden es, sich den veränderten Umständen anzupassen, und gerade dadurch bewahrten sie sich ihre innere Freiheit, die zuerst im Kleinen, später auf breiter Ebene nach außen sichtbar wurde. Dies zeichnete sich in Privilegien aus. Diese Menschen brauchten keinen Kampf und keine Unabhängigkeitserklärung, denn auch danach änderte sich für sie nichts. Sie hatten es bereits vorher schon erreicht. Oder denk an die Parole während der französischen Revolution: »Egalitè, Libertè und Fraternitè«. Ein verzweifelter Kampf, den das Volk für die Freiheit kämpfte, genauso kämpfst du um deine Freiheit, deinen eigenen verzweifelten Kampf und übersiehst, daß die Freiheit bereits in dir ist. Eigentlich bräuchtest du nur deine Sichtweise zu verändern, um dies zu erkennen. Das französische Volk damals wußte wenigstens, daß es gegen die Unterdrücker kämpfte, es kannte seine Feinde, kennst du sie denn auch? Ich glaube nicht. Dabei bist du, gerade du, so intelligent und müßtest doch wissen, daß du gegen dich selbst kämpfst, gegen dein eigenes Gefängnis, das du dir stets und ständig neu errichtest.

Schade, daß ich am Telefon so blöd reagierte, aber vielleicht besser so. Sicher hättest du mir bei diesem – Vortrag – nicht zugehört, doch so habe ich die Möglichkeit, dir diese Gedanken telepathisch zu senden. Hoffe, daß deine Antennen noch funktionieren.

Die Wende

Wieder ziehen Tage und Wochen ins Land. Nichts verändert sich. Das Leben ist träge und farblos geworden. Eine einzige Warteschleife, auf was. Wenn ich mir ganz ehrlich die Antwort gebe – auf dich! Pfui, das tut weh und fühlt sich einfach gräßlich an. Ich vermisse dich und du rufst nicht mal mehr an, bis zu jenem Tag.

Als mein Telefon an diesem Tag klingelt,

weiß ich es im gleichen Augenblick, daß es niemand anderes als Sebastian ist.

»Na, wie geht es dir?« Unsere obligatorische Frage, eine Höflichkeitsfloskel, jedesmal mit den gleichen Antworten, doch diesmal reagiere ich äußerst gereizt.

»Gut«, sage ich, »aber ich bin furchtbar nervös wegen des bevorstehenden Krankenhausaufenthaltes.«

»Wann mußt du dort sein«, fragt er nur.

»Morgen, zwischen 15.00 und 16.00 Uhr«, antworte ich und setze im stillen meine ganze Hoffnung darauf, daß er vielleicht sagt: Lena, Liebling, ich bring dich hin, ich bin ja bei dir, brauchst keine Angst zu haben . . .

Doch nichts dergleichen geschieht, was ich eigentlich wußte, und nicht wahrhaben wollte. Das dumme Herz, schelte ich und versuche dem ziehenden Schmerz Einhalt zu gebieten.

»Na ja, jedenfalls wünsche ich dir gute Besserung.« Keine Fragen, kein Versprechen mich zu besuchen, keine Bitte, daß ich mich mal melden solle. Nichts, rein gar nichts.

Ich weiß nicht, was momentan mehr weh tut, die Angst vor dem Eingriff oder der Schmerz meiner aussichtslosen Liebe.

Der Aufenthalt im Krankenhaus ist auch nicht

so, daß sich mein Nervenkostüm stabilisieren könnte. Eine Depression löst die nächste ab. Kaum gibt es Hochphasen. Immer die Türe im Blickfeld, warte ich auf ihn, warte und hoffe. Klingelt mein Telefon, so rede und lache ich, mache Witze über alles.

Wahrscheinlich finden mich meine Bekannten auch noch amüsant; sie sagen mir, es wäre ihnen ein Vergnügen, mich zu besuchen. Kaum schließt sich die Türe hinter ihnen, fühle ich wieder das merkwürdige Ziehen in meinem Herzen und Zusammenpressen meines Kopfes, gleich einem Schraubzwinger, dessen Enden wie Elektroden an die Schläfen gesetzt werden, vergleichbar wie in einer Folterkammer im Mittelalter. Sein absichtliches Fernbleiben – für mich eine Folter, eine Tortour –, weiß er es?

Nach vier Tagen zerreißt das stark gespannte Instrument meines Innenlebens, und ich gifte den Arzt an. So aggressiv wie ich mich verhalte gibt ein Wort das andere, bis fast die Fetzen fliegen, na, ja, nicht gerade wörtlich, aber die Türe könnte ich mal untersuchen, ob der Lack vom zuschlagen noch heil ist.

Ich brauchte einen Aufhänger, und ich fand einen. Ausdrücklich bat ich mir Ruhe und Alleinsein aus. Wollte, daß sich niemand um mich kümmert. Jeder respektierte meine Wünsche –

die Ärzte allerdings, für meinen Geschmack zu wörtlich!

Nach der übergroßen Anspannung und des sich entladenen Wortgewitters stellt sich nun die große Leere ein. Lange Zeit liege ich regungslos im Bett und betrachte teilnahmslos alle Unregelmäßigkeiten der geweißten Dekke. Es ist alles so egal, nichts zählt oder hat irgendeine Bedeutung, auch nicht, daß der Arzt mich heute morgen anschrie: »Hoffen und beten Sie, das es gutartig ist.«

Was spielt es noch für eine Rolle? Fast könnte ich diesem Spielchen mit einer gewissen Befriedigung zusehen, indem ich mir die Bilder eines langsamen Verfalls bis zum Tod ansehe. Genüßlich fange ich an, mir Schreckensvisionen auszumalen, wie ich immer mehr abmagere, die Haare durch die erfolgende Chemotherapie ausfallen, ich nicht mehr gehen kann, mich vor Schmerzen krümme und auf die Hilfe anderer Menschen angewiesen bin. Und so soll er dich sehen, ja, was dann, frage ich mich?

An diesem Punkt angelangt – Einverständnis und Aufgabe meines Selbstes – wie lang der Weg bis zum realen Tod –, verspüre ich das dringende menschliche Bedürfnis, auf WC zu gehen. Kraftlos und matt, auf schon bereits nicht tragbaren Beinen, schleppe ich mich aus dem Bett, vorbei an den zwei großen Spiegeln, die im Zimmer hängen.

Ein fremdes Gesicht sieht mich an. Bleich wie Kreide – muß mich erst mal festhalten, sonst kippe ich um –, die Wangen eingefallen, hart die Konturen, nur die Augen überdimensional groß. Pupillen riesig, keine Augenfarbe mehr sichtbar.

Als dies langsam in mein Bewußtsein dringt, sage ich feierlich, Lena, das ist der Anfang vom Ende –, kann mich aber nicht dem fremden Spiegelbild entziehen.

Wie ein Keulenschlag – Anfang vom Ende – trifft mich die Erkenntnis, und plötzlich schreie ich mein Spiegelbild an: »Nein, ich will leben, nein, nein, das bin nicht ich.«

»Wo hast du dein Ich gelassen? Hast du es verloren, wann, wo, wo auf dem Weg? Hol es dir zurück, such es und du wirst es finden. Aber such nicht nach dem alten Ich, kreiere ein neues. Es ist in dir, laß es raus.«

Sanft ist diese Stimme, eindringlich und so vertraut, als ob sie einen Namen hätte.

Verwundert und wie erwachend seh ich mich im Zimmer um, doch ich bin allein hier. Kein menschliches Wesen – außer mir!

O Gott, ich glaub', ich werd' verrückt, presse die Hände gegen meine Schläfen und lasse mich wieder aufs Bett fallen. Unter wildem Schluchzen stoße ich hervor: »Aus, Schluß mit dem Spuk! Ich will nichts mehr von Sebastian wissen ... soll sich ja nicht mehr melden ... wenn er am Hörer ist, leg ich auf ... will ihn nie wiedersehen. Es ist aus. Bau mir ein eigenes Leben auf. Werde wieder erfolgreich, wie früher, werde Karrierefrau, denke nur noch an mich, brauche keinen Mann, und ihn schon gar nicht. Endgültig Schluß!

Plötzlich erfaßt mich eine absolute Ruhe. Mit fester, lauter Stimme spreche ich:

Alles, was war, was ist, alles von ihm soll und muß verschwinden, alles! Alles, egal wohin, nur weg! Schluß! Alles von ihm wird vernichtet, alles muß weg, alles! Es ist mein Wille, mein hundertprozentiger Wille!«

Für einen Augenblick fröstelt mich. Mich wähnt – wenn ich keinem Trugbild unterliege –, daß gerade eine kleine dunkle Wolke durchs geschlossene Fenster ins Freie schwebt. Mit starrem Blick sehe ich hinterher.

»Lena-Marie, laß dich nicht weiter durchhängen, tu etwas für dich«, mahnt die nun bereits vertraute Stimme.

Gehorsam stehe ich auf und halte mein Gesicht unter fließendes Wasser, um das aufgequollene Etwas wieder menschenähnlich werden zu lassen. Der eintönige, immer gleichbleibende Strom des Wassers spült meine Tränen fort und kühlt meine Wunden, denn ich bin nicht mehr bereit, sie selbst zu lecken. Auch die Narben werden mit der Zeit verblassen, und eines Tages wirst du darüber lachen, das sagte doch Sebastian immer. »Eines Tages können wir gemeinsam darüber lachen.«

Es tut noch ein bißchen weh, aber mit großer Verwunderung registriere ich, wie Lena immer mehr verschwindet und Lena-Marie anfängt, in der Vergangenheit zu denken!

»Es war einmal . . .«

Die neue Zeit

Lena, ermattet und erschöpft vom Erzählen ihrer bewegten Vergangenheit sinkt in sich zusammen. Längst vergessene Empfindungen treiben an die Oberfläche, genau wie die Wellen rollend auf die Steilküste zutreiben und an den herausragenden Felsen zu Fontänen sich brechen. »Es war nicht gut, diese Zeit . . .«, murmelt sie, »nein, ich habe nicht viel Gutes erlebt, jedoch viel gelernt . . .«

Mit ihrer pragmatischen Art holt Andrea Lena in die Wirklichkeit zurück. »Ich habe Hunger, du auch?« Betont forsch zieht sie Lena hoch und sagt: »Komm schon! Wir gehen ins Fischerrestaurant. Du bist mir noch einige Antworten schuldig oder besser noch, du erzählst mir wie es nach dem Krankenhausaufenthalt weiterging?« Gemeinsam, beide in ihre Gedanken versunken stapfen sie durch den feuchten Sand der Dünen dem Restaurant entgegen.

Als das Essen serviert ist, wächst Andreas Neugierde schier ins Uferlose. »Lena, am meisten interessiert mich, wie hast du es geschafft, dein Chaos – entschuldige diesen Ausdruck, mir fällt nichts besseres ein – privat und firmenmäßig in Ordnung zu bringen, denn das hast du doch, oder?«

Versonnen lächelt Lena und deutet auf einen Ring an ihrer Hand. »Ja, meint sie schlicht, du hast nicht ganz so Unrecht, ich bin wieder die Lena von früher und doch wiederum anders. Bin wieder erfolgreich und in einer glücklichen Partnerschaft. Vieles ist anders geworden. Jetzt schätze ich das, was ich habe. Ich achte es und gehe behutsam damit um.«

»Geht es ein bißchen ausführlicher und verständlicher oder gibt es noch mehr Geheimnisse, die ich nicht kenne, mault Andrea spitz.«

»Na schön«, seufzt Lena ergeben, ich fange von vorne an: Nach zwei Wochen Krankenhausaufenthalt und kurzer Erholungspause fand ich den Mut wieder in meine Firma zu fahren. Diese stand zwischenzeitlich fast auf dem Nullpunkt. Real gesehen hätte ich Konkurs anmelden müssen. Wo hätte ich denn Hilfe herbekommen sollen? Die Auftragsbücher waren leer. Finanzamt und Krankenkassen machten mehr als Druck. Einige Leute des Personals – die besten – hatten gekündigt. Sie mochten wohl nicht mehr, sahen vermutlich keine Zukunft. Schlicht gesagt, wir waren absolut nicht mehr liquide. Ich zermarterte mir Tage- und Nächtelang den Kopf darüber und kam doch zu keiner vernünftigen Lösung. Unerwartet bekam ich Hilfe, nur das begriff ich nicht. Ich war total blockiert.«

Erstaunt blickt Andrea hoch. »Hilfe?«

»Ja, als ich im Krankenhaus lag, sagte ich doch, daß sich einige Bekannte plötzlich wieder bei mir meldeten. . . . ich nahm den Hörer ab, schluckte und glaubte meinen Ohren nicht zu trauen. Mein Banker war am anderen Ende. Er erkundigte sich nach meinem Befinden, sprach sein Bedauern aus und wünschte mir gute Besserung. Wenn es mir besser gehe, sollten wir uns zu einem Gesprächstermin zusammensetzen. Was er damit meinte, war mir völlig klar, auch wenn er es nicht aussprach; bestimmt Kürzung der Kreditlinie, Absicherung des Kontos, wenn nicht gleich Kontokündigung. Doch all das tangierte mich wirklich nur einen kurzen Augenblick. Das Maß an Katastrophen war einfach übervoll. Um so mehr wunderte ich mich am nächsten Tag über ein farbenprächtiges Blumengebilde mit einer Genesungskarte. Auf dieser stand: *Hallo Frau Mertens, ich bin sicher, sie werden wieder gesund. Viel Glück! Herzlichen Gruß . . .* Und das ganze mit persönlicher Unterschrift.

Für einen kurzen Moment freute ich mich, doch die Freude drang nicht bis in mein Inneres, und so erlosch der Funke vorerst wieder, der meine damalige Situation hätte verändern können. Ich vergaß es wieder; auch mich zu bedanken.

Stattdessen schleppte ich mich wochenlang so hin. Ich versuchte mich selbst zu motivieren, doch der geringste Windstoß fegte meinen Durchhaltewillen vom Tisch. So hin und hergerissen, du kannst auch sagen, unschlüssig, wie ich war, gelang mir natürlich fast gar nichts. Es fiel mir schwer Entscheidungen zu treffen. Ich zermarterte und zergrübelte mir den Kopf und kam zu keinem richtigen Entschluß. Also schob ich alles von Tag zu Tag auf, solange bis ich selbst schon nicht mehr wußte, wo überhaupt noch Hilfe herkommen sollte. Denn eigentlich hätten mich entweder nur volle Auftragsbücher oder Millionen retten können.

Und trotzdem Andrea, du wirst es kaum glauben, zu diesen Zeiten war ich absolut kreativ, in das in zweifacher Form. Erstens kreierte ich ununterbrochen Schreckensvisionen, durch Probleme, Sorgen und Ängste ausgelöst, andererseits kreierte ich -zig Firmengebilde und Erfindungen und baute geistige Imperien. Ich entdeckte Marktlücken, die zwischenzeitlich von anderen Menschen auch gefunden wurden; die sehr ertragsreich sind. Mit allem hätte ich Geld verdienen können, jedoch hätte ich zu neunundneunzig Prozent der Firmen Kapital benötigt. Wie ich dir sagte, es fehlte Geld und Kontakte fehlten, denn ich hatte mich durch meine privaten Schwierigkeiten auch sehr stark dem gesellschaftlichen Leben entzogen. Im Grunde genommen war ich eigentlich recht vereinsamt.

Während ich immer noch keinen Ausweg sah, bekam ich aus heiterem Himmel einen Auftritt im Fernsehsender angeboten. Ich solle als Expertin über spirituelle Fähigkeiten sprechen.

Als ich nachfragte, wie sie denn auf mich kämen, sagten sie nur, es handle sich um eine Empfehlung. Ich nahm das Angebot an. Ich machte es gut, es lief alles glatt und ich fühlte mich im Studio wie zu Hause. Es war, als ob ich diese Tätigkeiten schon zum hundertsten Male getan hätte.

Als ich wieder auf der Heimfahrt war, stellte ich mit Erstaunen fest, ich hatte wieder Vertrauen zu mir gewonnen, in mich, in mein Können und in meine Fähigkeiten. Von da an lief es erstaunlicherweise in meiner Firma wieder besser. Viele schöne Begebenheiten geschahen. Auch eine Angestellte, die gegangen war, kehrte zurück. Spürbar war, daß die Knoten sich lockerten, doch es befähigte mich immer noch nicht, viele liegengebliebene Rechnungen und Arbeiten abzufangen. Und wieder fing ich an, mir Sorgen zu machen und Gedanken, was ich denn wirklich wolle. Wenn ich nicht weiterwußte, dann versuchte ich mich an die Szene im Krankenhaus zu erinnern, an diese vertraute Stimme, die mir empfahl: . . . such nicht nach deinem altem Ich, kreiere dir ein neues!

Eines Tages, als es wieder dick kam, beschloß ich, mich zu entscheiden, mich für die Zukunft festzulegen und dann auch bei meiner Entscheidung zu bleiben. Ich setze mich hin, und überlegte, was ich tun will, wie ich leben will, und mit was ich mein Geld verdienen will. Das war alles andere als einfach, denn mir fiel nur ein, was ich nicht wollte. Wochenlang quälte ich mich damit herum, doch dann war es soweit; ich entschied: Mein Haus wollte ich behalten, daß war nicht änderungsbedürftig.«

»Haus?« sieht Andrea fragend.

»Ja, daß war das erste, was ich nach dem Krankenhaus geändert habe, ich bin umgezogen, denn ich wollte auch in der Realität nicht länger an Sebastian erinnert werden. Kannst du das verstehen?«

»Und ob ich das kann«, schmunzelt Andrea.

»Und ich mußte mir ein Eingeständnis machen, daß ich doch gerne einen Partner hätte. Trotzdem tat ich nichts, um die Situation zu verändern. Am meisten machte mir zu diesem Zeitpunkt der fehlende Kontakt mit Menschen zu schaffen. Aus purer Verzweiflung und durch die vielen Publikumszuschriften aus dem Sendeauftritt ermutigt, rief ich Arbeitsgruppen für »positives Denken« ins Leben. Das funktionierte alles erstaunlich gut und bald machten wir die ersten Cassetten. Mittlerweile war ich fast mit Arbeit überlastet, da ich auf zwei Hochzeiten tanzte. Damit verdiente ich ganz gut, doch es reichte nicht, um wieder flottzuwerden.

Nach einem besonders spritzigem Seminar bekam ich von einem Kunden ein herrliches Blumengebilde mit einer Karte. Dabei fiel mir mein Banker wieder ein, bei dem ich mich nicht einmal bedankt hatte. Am nächsten Tag nahm ich allen Mut zusammen und holte dies nach. Später hat er mir erzählt, er habe sich gefreut, das ich ihn angerufen und mich entschuldigt habe, so daß er mich spontan zu einem geschäftlichen Treffen der Bank mit ausgesuchten Kunden auf die Einladungsliste gesetzt habe.

Es waren viele nette Leute da, einer ganz besonders. Wir trafen uns öfters, und nach und nach erfuhr ich seine Lebensgeschichte. Nicht nur ich ging durch alle Höhen und Tiefen, sondern auch er. Ich bat ihn, für mich ein guter Freund zu werden. Er wurde!

Mit der Zeit bekam ich immer mehr Vertrauen zu mir und zu anderen. Meine geschäftlichen Aktivitäten wurden immer besser und meine Firma gewann wieder an Größe. Doch meine kleine damals begonnene Tätigkeit machte mir viel Freude, und wenn ich daran dachte, sie zugunsten meiner Firma aufzugeben so verursachte dies ein unangenehmes Gefühl in mir. Wieder setzte ich mich hin und überlegte, wie es nun weitergehen solle, und was ich denn eigentlich auf Dauer tun solle. Lange dachte ich darüber nach und letztendlich stand fest, daß ich aus meinen Nebentätigkeiten die Teile entnehme, die vielen Menschen helfen können, ihr Leben leichter, fröhlicher und freudiger zu leben. Ich entschied, daß ich zu den Menschen sprechen werde. Ihnen mich, meine Gedanken, mein Wissen und meine Stimme zur Verfügung stelle.

Andrea, warum ich diese Entscheidung traf, kann ich dir beim besten Willen nicht erklären, sie mußte einfach getroffen werden. Ich glaube, das war der wirkliche Wendepunkt in meinem Leben. Von da an lief alles fast wie von selbst, eigentlich noch besser als in der Zeit vor Sebastian. Ich bat meinen Freund, er möge die Geschäftsführung meiner Firma übernehmen. Er willigte ein. Wir gingen zu unserem Banker und verhandelten. Das Ergebnis war besser als erwartet, kreativ und konstruktiv. Ich erzählte ihm von meinen Plänen. Daraufhin sah er mich intensiv an und sehr leise sagte er zu mir: ›vergessen Sie nicht, ich bin doch Ihr Schutzengel.‹ Leider konnte ich damals nicht nachfragen, was er denn meinte, denn ich war nicht allein. Einige Tage später hatten wir eine Einladung von der Bank zu einem gesellschaftlichen Ereignis. Selbstverständlich nahmen wir an.

Gleich zu Beginn der Veranstaltung bat mich mein Banker mitzukommen, er wolle mich mit einem Herrn bekanntmachen. Seine Zielstrebigkeit, die er hier an den Tag legte, ließ mich instinktiv stutzig werden. Ich fragte sofort nach, wer denn dieser Herr sei. Die Antwort war mehr als dürftig. Sie kam ganz trocken bei mir an. Das ist Herr Mandhal. Er war lange Zeit im Ausland und hat vor kurzem als Programmdirektor zu unserem hiesigen Fernsehsender gewechselt. Danach sank seine Stimme zu einem Flüstern herab, und kaum hörbar: »er ist wie sie, er versteht sie.« Und wieder bekam ich keine Gelegenheit mehr zu fragen, was er denn damit meinte. Doch das erübrigte sich. Als wir uns die Hand zur Begrüßung reichten, wußte ich im gleichen Augenblick, das in meinem Herzen wieder alle Krokusse blühen.«

Lena lächelt versonnen und spielt an ihrem schlichten Goldreif.

Andrea versteht. Doch ihre Aufmerksamkeit richtet sich auf einen hellen Punkt. Sie sieht genauer hin und erblickt Leihja, die alte weise Seele aus dem Seelenrat.

»Leihja«, flüstert sie und ihr Herz wird warm und weit. Ein tiefes Gefühl der Dankbarkeit und Verbundenheit durchflutet ihr Sein. »Ich danke dir«, haucht sie.

Verzeichnis: Corona Hamburg

Geführte Meditationen auf CD und Cassette

Mentales Training durch meditative Reisen

MC 01, ISBN 3-928084-36-4
CD 201, ISBN 3-928084-48-8
Partnerschaft – Berufung

MC 02, ISBN 3-928084-37-2
CD 202, ISBN 3-928084-49-6
1.T.: Ich bin Licht und Energie
2.T.: Der Baum – Dein Freund

MC 03, ISBN 3-928084-38-0
CD 203, ISBN 3-928084-50-X
1.T.: Spiegel deBewußtsein
2.T.: Weg der Wahrheit

MC 04, ISBN 3-928084-39-9
CD 204, ISBN 3-928084-51-8
1.T.: Kristallpyramide
2.T.: Dimensionsreise

MC 05, ISBN 3-928084-40-2
CD 205, ISBN 3.928084-52-6
1.T.: Lichtreise
2.T.: Rückführung – Problembewältigung

MC 06, ISBN 3-928084-41-0
CD 206, ISBN 3-928084-53-4
1.T.: Die Kraft des Vulkans
2.T.: Phönix aus der Asche

MC 07, ISBN 3-928084-42-9
CD 207, ISBN 3-928084-54-2
1.T.: Schutzengel
2.T.: Freiheit und Frieden

MC 08, ISBN 3-928084-43-7
CD 208, ISBN 3-928084-55-0
1.T.: Engel der Heilung
2.T.: Ich bin eine Einheit – Stärke – Kraft

MC 09, ISBN 3-928084-44-5
CD 209, ISBN 3-928084-56-9
1.T.: Reichtum – Erfolg – Liebe
2.T.: Legende des Regenbogen

MC 10, ISBN 3-928084-45-3
CD 210, ISBN 3-928084-57-7
1.T.: Reise in den Ursprung
2.T.: Zirkuszelt der Freude

MC 11, ISBN 3-934438-07-5
CD 211, ISBN3-934438-06-7
Schuld und Vergebung

Fordern Sie unser Gesamtverzeichnis an!

CORONA HAMBURG

Bücher für die Persönlichkeitsentwicklung aus Corona Hamburg

Silva Montani
Zeit für Hoffnung
Gegenwartsroman (für Jugendliche und Erwachsene)
240 Seiten, kartoniert
ISBN 3-928084-89-5

Die aktuellen Probleme auf dem Balkan bilden den Hintergrund für diesen fesselnden Roman: Jossip, ein zehnjähriger Junge, verliert in den Kriegswirren seine Familie und schlägt sich mit Hilfe einer guten Fee nach Deutschland durch.

Das Schicksal greift ein, er kann bleiben und gewinnt Freundschaften. Lesen Sie wie ein kleiner Niemand durch Mut, Begeisterung und Tatkraft die Erwachsenen dazu bringt, sich für Frieden und eine positive Veränderung in der Welt einzusetzen.

Sigrid Sonberger
Der Glücksdrache
Kinder und Jugendliche
138 Seiten, mit farbigen Bildern, kartoniert
ISBN 3-928084-47-X

Ein roter, bedrohlicher Drache sucht eine Antwort auf die Frage, warum er nicht fliegen könne. Kurzentschlossen wird er von einem Einhorn auf eine Traumreise geschickt . . .

Engelbert J. Winkler
Leben, Sinn & Wirklichkeiten – *Wie ver-bringen Sie Ihr Leben und wie bringen Sie es wiede zurück?*
Aus dem Alltag eines Therapeuten. Es erwartet Sie ein spannendes Lesevergügen!
296 Seiten, kartoniert
ISBN 3-928084-80-1

Eva-Maria Ammon
Du bist der Weg
Die Sehnsucht deiner Seele
188 Seiten, kartoniert
ISBN 3-928084-16-X

Es ist so einfach! Es ist Dein Weg, der Dich befreit von der Suche im Außen und Dich hinführt in Dein Inneres. Du erfährst Deine tiefe Sehnsucht nach Wärme, Nähe, Liebe und Geborgenheit als Sehnsucht Deiner Seele, und Du lernst, deren Bedürfnisse in Zukunft zu erfüllen.

Corona Hamburg
Weitere Titel

Elke Dumke
Mlle Lenormand auf den Punkt gebracht
Eine praktische Einführung mit 36 Kartenabbildungen, Grafiken und Legebeispielen
134 Seiten, kartoniert
ISBN 3-928084-81-X

Dietlind Herlert-Schaaf
Mystisches Kartenlegen nach Mlle Lenormand
Mit anschaulichen Abbild.
204 Seiten, gebunden
ISBN 3-934438-00-8

Halina Kamm
Tarot für den Alltag
mit 78 Abb. des Rider Waite Tarot Decks
110 Seiten, kartoniert
ISBN 3-928084-03-8

Halina Kamm
Partnerschaft und Liebestarot im Alltag
mit 78 Abb. des Rider Waite Tarot Decks
216 Seiten, kartoniert
ISBN 3-928084-18-6

Dr. Paul Bernard
Mentaltraining und Selbsthypnose – Gesundheit und Erfolg sind erlernbar
232 Seiten, gebunden
ISBN 3-928084-73-9

Ingrid Garbe
Eine Reise in die Ewigkeit
Warum wir unsterblich sind
228 Seiten, kartoniert
ISBN 3-928084-88-7

Engelbert J. Winkler
Das Abendländische Totenbuch – Der Tag, an dem Elias starb,
212 Seiten, kartoniert
ISBN 3-928084-22-4

Halina Kamm/ Wiebke Hilgers-Weber
Komm mit uns ins Engelparadies
Mit 12 farbigen Engelbildern
96 Seiten, kartoniert
ISBN 3-928084-71-2

Erhältlich im Buch- und Fachhandel
Fordern Sie unser Gesamtverzeichnis an!
CORONA, Postfach 76 02 65, 22052 Hamburg
Tel.: 040/642 210 22, Fax: 040/642 210 23
E-mail: Corona-Hamburg@t-online.de